명문장가들의 놀라운 글쓰기 비법을 공개한다

세상을 감동시킨 위대한 글벌레들

세상을 감동시킨 위대한 글벌레들

초판 1쇄 발행 2007년 7월 25일
초판 7쇄 발행 2014년 5월 19일

글 김문태 | 그림 이상미 | 기획 고정욱
펴낸이 고영은 박미숙

편집이사 인영아 | 편집장 이준희
뜨인돌기획팀 박경수 강은하 김현정 김영은 장은선 홍신혜
뜨인돌어린이기획팀 이경화 여은영 | 디자인실 김세라 오경화
마케팅팀 이학수 오상욱 진영수 | 총무팀 김용만

펴낸곳 뜨인돌출판(주) | 출판등록 1994.10.11(제2011-000185호)
주소 121-896 서울시 마포구 성미산로 6길 45
홈페이지 www.ddstone.com | 블로그 blog.naver.com/ddstone1994
노빈손 홈페이지 www.nobinson.com | 페이스북 www.facebook.com/ddstone1994
대표전화 02-337-5252 | 팩스 02-337-5868

ⓒ 2007 김문태

ISBN 978-89-92130-40-0 73810
(CIP제어번호 : CIP2010004662)

명문장가들의 놀라운 글쓰기 비법을 공개한다

세상을 감동시킨 위대한 글벌레들

뜨인돌어린이

세상의 글벌레들에게

'뻐꾹 뻐꾹 뻐뻑꾹 뻐꾹.'
 높고 푸른 하늘, 두둥실 떠가는 뭉게구름, 울창한 푸른 숲, 그리고 어디선가 한가로이 들려오는 뻐꾸기 소리.
 사슴 가족이 모여 정겹게 풀을 뜯고 있다. 맛난 풀이 있다고 꼬리 치며 친구들을 부른다. 평화로운 풍경이다.

'우르릉 쾅! 후드득.'
 하늘을 뒤덮은 새까만 먹구름, 천지를 흔드는 천둥, 땅에 내리 꽂히는 번개, 그리고 장대처럼 쏟아지는 빗줄기.
 치타가 애써서 잡은 멧돼지를 하이에나 서너 마리가 몰려들어 빼앗는다. 잠시 뒤 사자가 으르렁 거리며 나타나 하이에나의 먹이를 다시 빼앗아 간다. 끔찍한 광경이다.

세상을 감동시킨 글벌레들은 어떤 세상을 왜 쓰려고 했을까? 그리고 이런 정 반대되는 모습을 어떻게 그리려고 했을까?
 이순신은 자신을 되돌아보기 위해 일기를 썼고, 고흐는 가슴속 깊은 마음을 그리기 위해 편지를 썼으며, 밀턴은 죄를 뉘우쳐 악에서 벗어나기 위해 서사시를 썼다. 또한 정약용은 약한 자의 아픔을 헤아리기 위해 농민시를 썼고, 박지원은 그릇된 세상을 꼬집기 위해 풍자 소설을 썼으며, 다윈은 자연에 대한 호기심을 풀기 위해 관찰기록문을 썼다. 레이첼 카슨 역시 죽어가는 생명을 살리기 위해 호소문을 썼다.

어떤 이는 자기 자신을 변화시키기 위해, 또 어떤 이는 세상을 바꾸기 위해 글을 썼다. 이들이 글을 쓴 이유는 제각기 다르지만 그 태도는 한결같았다.

세상을 똑바로 보고, 누구나 살기 좋은 세상을 만들고자 하는 마음을 지니고 있었다. 진실하고 순수한 마음으로 자신을 표현하고, 세상을 그리고자 했던 것이다.

요즘 논술이 중요한 공부 중의 하나가 되었다. 너나없이 짜임새 있는 글, 멋진 글을 써야 한다고 열을 올린다. 그러나 무엇을, 왜, 어떻게 써야 하는지에 대해서는 깊이 생각하지 않는 듯하다. 좋은 글이란 멋진 단어와 화려한 문장으로 꾸며지는 것이 아니다. 겉치레나 기법보다 중요한 건 자신과 세상에 대한 뜨거운 열정이다. 또한 오늘보다 나은 내일에 대한 기대와 희망이다. 맑은 꿈을 가진 어린이들이 이 책을 읽으면서 세상을 감동시킬 수 있는 큰 생각을 키워나가길 바란다.

2007년 한여름에 어린 글벌레들을 축복하며
김문태

세상을 감동시킨 위대한 글벌레들 이야기 순서

시로 농민의 아픔을 그린 **정약용** 8

소설로 양반 세계를 꼬집은 **박지원** 30

일기는 나의 힘 **이순신** 52

서사시로 낙원을 그린 맹인 **밀턴** 76

편지로 마음을 그린 화가 **고흐** 98

관찰기록문으로 진화론 밝힌 **다윈** 120

호소문으로 환경을 지킨 **레이첼 카슨** 142

사각사각 쓱싹쓱싹 글쓰기 비법 164
쓰기 요령을 알면 글이 보인다! 166

시로 농민의 아픔을 그린
정약용

"할아버지, 서당에 다녀왔습니다."

올해 열세 살 난 손자 대림이의 목소리가 밝고 명랑하다. 날이 추운지 방문을 밀고 폴짝 뛰어 들어오는 녀석의 코가 빨갛다.

"어이구, 우리 똥강아지. 춥지? 이 아랫목으로 내려오렴."

"치! 제가 왜 똥강아지예요? 친구들이 들으면 창피하게……."

"그럼 우리 똥강아지를 뭐라 부른담?"

그러자 녀석이 장난기 섞인 목소리로 거침없이 대답한다.

"대작가이신 정약용 선생님의 장손 정대림 학동이라고 불러주세요. 헤헤."

"아이고. 알았습니다요. 정대림 학동님! 허허허."

한참을 깔깔대고 웃던 녀석이 얼굴빛을 고치고 다가앉으며 묻는다.

"그런데 할아버지는 왜 저를 똥강아지라고 부르세요?"

"그건 나쁜 귀신들이 우리 집의 귀한 장손을 시샘해서 해코지할까 봐 일부러 그렇게 천하게 부르는 거란다. 별 볼일 없는 아이니까 눈독들이지 말라고 말이야."

"정말요? 그럼 뭐 계속 똥강아지라고 부르세요. 헤헤헤."

1819년(순조 19년), 내 나이 벌써 쉰여덟 살이 되었다. 난 전라도 강진에서 18년간의 유배 생활을 마치고 작년에 비로소 집으로 돌아왔다. 처음에 쭈뼛거리던 손자 녀석이 이제는 나를 속마음을 털어놓고 얘기하는 친구처럼 생각한다. 엄하게 가르치려는 제 아비보다 응석을 받아주는 내가 더 좋은 모양이다. 나 역시 녀석이 눈에 넣어도 안 아플 만큼 사랑스럽다.

"그래 요즘 글공부는 잘되니?"

"아버지께서 숙제를 너무 많이 내주셔서 어떤 땐 좀 힘들어요."

글공부 얘기가 나오자 녀석이 물먹은 솜 모양으로 풀이 죽는다. 제 아비인 학연이가 어지간히 닦달하는 모양이다. 맏아들인 학연이와 둘째아들인 학유는 내가 귀양살이를 하고 있어서 청소년기부터 나를 보지 못하고 컸다. 그러니 자기 자식만큼은 아비의 입김으로 키우고 싶을 게다.

"너를 많이 사랑해서 그런 것이란다. 네 아버지는 이 할아버지한테 그런 사랑을 못 받았거든."

"아버지는 할아버지께 끔찍이 사랑받았다고 하던데요?"

"네 아버지가 열아홉 살이고, 네 작은아버지가 열여섯 살 때에 내가 귀양을 갔단다. 그러니 살갑게 정을 나누진 못했지. 배우긴 했을지 몰라도……."

녀석이 뭔가 이상하다는 듯이 고개를 가우뚱하며 묻는다.

"떨어져 살았는데, 어떻게 할아버지께 배울 수 있었죠?"

"편지로 가르쳤지."

"편지라고요?"

녀석이 놀라는 것도 당연하다. 대부분의 사람들은 가르침이란 얼굴을 맞대고 앉아서 해야 한다고 생각하지 않는가.

귀양 고려, 조선 시대에 죄인을 먼 시골이나 섬으로 보내 일정한 기간 동안 제한된 곳에서만 살게 하던 형벌.

"사실 네 아버지와 작은아버지는 공부를 해도 벼슬길에 나갈 수 없는 처지였단다. 내가 나라에서 금지하는 천주교를 믿는 사람들과 친하게 지냈다는 이유로 귀양을 갔기 때문이지. 그리고 천주교를 믿은 네 큰할아버지이신 정약전 형님도 흑산도로 귀양을 가셨고, 작은할아버지이신 정약종 형님은 사형을 당하셨어. 그때 우리 집안은 완전히 끝난 셈이었지."

"……"

"집안의 자손들도 벼슬길에 나갈 수 없게 됐고. 그러니 네 아버지 형제가 글공부를 하고 싶었겠니?"

녀석이 고개를 숙이고 듣다가 묻는다.

"그런데 글을 왜 가르치려고 하셨어요?"

"글공부를 해야 사람이 사람답게 사는 도리를 깨우칠 수 있기 때문이지. 또 나중에 다시 명예가 회복되면 과거 시험을 봐서 옛날의 명성을 되찾을 수도 있고. 하다못해 내가 쓴 글을 다듬고 엮어 후손들에게 전해주기라도 해야 하지 않겠니?"

녀석이 의심스러운 눈빛으로 다가앉으며 비밀스럽게 묻는다.

"아버지는 글공부를 열심히 했어요?"

"사실 처음에는 스스로 포기하는 마음이 들어서인지 글공부에 의욕이 없었단다. 하지만 내가 보낸 수많은 편지를 읽어가면서 나중에는 마음을 다잡았지. 네 아버지가 《종축회통》을 쓰고, 네 작은아버지가 〈농가월령가〉를 써서 유명해진 게 하루아침에 이루어진 일이 아니야. 아무렴."

이때 녀석의 어미가 발그스레하게 잘 익은 홍시를 들고 들어온다. 제 아비 앞에서는 꼼짝도 못하는 녀석이 나와 신나게 이야기하는 것이 신기한 듯 어미는 흐뭇한 눈길을 보낸다. 홍시 하나를 뚝딱 해치운 녀석이 불쑥 묻는다.
"할아버지께선 엄청나게 많은 책을 쓰셨다고 들었는데, 왜 그렇게 많은 글을 쓰셨어요?"

"내가 귀양 가기 전에는 여러 벼슬을 했는데, 한때 암행어사로 지방을 돌아보게 됐지 뭐냐. 그런데 욕심 많은 관리들 때문에 백성들이 너무도 형편없이 사는 걸 보게 되었어. 큰 충격을 받았지. 그때부터 난 그런 비참한 농민들의 모습을 시로 써서 알리고자 했단다."

"어떤 내용인데요?"

"〈적성촌의 집에서〉라는 시인데, 그게 어디 있더라? 옳지! 저기 있겠구나. 한번 보겠니?"

시냇가 부서진 집은 뚝배기처럼 누웠고
겨울바람에 이엉지붕 걷혀 서까래만 앙상하네.
묵은 재에 눈이 덮여 부엌은 차디차고
체 눈처럼 뚫린 벽에 별빛이 비쳐든다.
집안의 물건은 쓸쓸하기 짝이 없어
모조리 팔아도 칠팔 푼이 안 되겠네.
개꼬리 같은 조 이삭 세 줄기와
닭 창자 같이 말라 비틀어진 고추 한 꿰미.
깨진 항아리의 새는 곳은 헝겊으로 때웠으며
무너져 내려앉은 선반은 새끼줄로 얽었네.

암행어사 조선 시대에 왕의 명령을 받아 지방 관리들의 잘잘못을 조사하고, 백성들의 어려움을 살피는 일을 맡아 하던 임시 벼슬.

놋수저는 이미 관리들에게 빼앗기고
무쇠솥은 이웃집 부자가 빼앗아갔네.
어깨 팔뚝이 드러난 적삼을 입은 어린 것들
한 번도 바지와 버선을 못 입었으리.
다섯 살 큰 아이는 말타는 병사로 되어 있고
세 살 작은 애도 군대 기록에 올라있네.
두 아이 군포로 오백 냥을 바치고 나니
죽기나 바랄뿐 옷이 무슨 소용이랴.
강아지 세 마리 아이들과 함께 자는데
호랑이는 밤마다 울타리 밖에서 으르렁대네.
남편은 산에서 나무하고 아내는 남의 일 가니
대낮에도 문이 닫혀 서글프구나.
아침 점심 다 굶다가 밤에 와서 밥을 짓고
여름에는 가죽옷 입고 겨울에는 베옷을 입네.
아! 이런 집이 천지에 가득하나
임금님 계신 궁궐은 깊고 깊어 어찌 다 살피랴.

시를 읽던 녀석이 눈물을 글썽인다.
"농민들은 다 이렇게 사나요? 그 사람들은 신분이 낮아도 농사를 지으니까 배는 곯지 않을 줄 알았어요. 훌쩍."

"모든 농민들이 다 이렇지는 않아도 대부분 이런 실정이지. 양반들이 땅을 모두 차지하고 농민에게서 많은 사용료를 걷는 토지겸병 제도, 또 군대를 유지한다는 빌미로 갓난애와 죽은 사람을 가리지 않고 세금을 걷는 군포 제도, 그리고 곡식을 꾸어주고 엄청난 이자를 받는 환곡 제도가 농민을 살기 힘들게 만들었단다."

"그럼 어떻게 해야 농민들이 잘 살 수 있나요?"

"그야 사회가 변해야지. 양반들과 부자들이 욕심을 버리고 농민들을 대하면 되지. 호랑이가 으르렁대며 강아지를 잡아먹으려고 하는 것처럼 해선 안 되는 일이야."

어느새 녀석의 반짝이는 눈동자에서 결연한 의지가 드러난다.

"그럼 유배 가셔서도 이런 시들을 쓰셨어요?"

"암. 경상도 장기에서 몇 달 있었고 전라도 강진에서 대부분 있었는데, 그 시골에서 보는 참혹한 모습은 더 말할 것도 없었단다. 난 농민들의 삶을 있는 그대로 시로 썼어. 그러면서 그들이 잘 살 수 있는 방법들을 글로 쓰기 시작했지."

잠시 골똘히 생각하던 녀석이 한마디 툭 내뱉는다.

"아버지는 당파싸움이 일어나서 할아버지께서 죄 없이 유배 다녀오셨다고 하던데요."

"그런 셈이지."

"그럼 화가 많이 나셨을 텐데, 어떻게 불쌍하고 약한 사람들을 위

유배 죄인을 귀양 보내던 형벌. 죄의 가볍고 무거움에 따라 멀고 가까움의 등급이 있었다.
당파 주의, 주장, 이해를 같이 하는 사람들이 뭉쳐 만든 단체나 모임.

해 글 쓰실 생각을 하셨어요?"

놀라운 일이다. 녀석이 이처럼 핵심을 찌르는 말을 하다니. 마냥 코흘리개 어린아이인 줄만 알았는데 그게 아니다. 무릎에 앉혀놓고 다독거리기만 할 것이 아니라, 이제는 진실을 말해주어야겠다.

"시골로 귀양 갔더니 온종일 사람 소리도 들리지 않고, 수레바퀴 소리조차 없어 외롭기 한이 없었단다. 그간 한양 땅에서 북적대며 살았고, 벼슬살이 하느라 바삐 돌아다녔으니 더욱 쓸쓸했지."

"아휴! 심심하셨겠다. 난 하루도 못 견뎠을 텐데……."

"오히려 세상 이치를 더욱 잘 깨닫게 됐어. 주변을 찬찬히 돌아보며 관찰했더니 그동안 못 보고, 못 듣고, 못 느끼던 것들이 한꺼번에 물밀듯이 다가오는 거야."

녀석이 호기심에 몸을 앞으로 기울이며 묻는다.

"무엇이 다가왔는데요?"

"시대의 아픔을 느끼지 않고, 세상의 잘못을 지적하지 않는 시는 시가 아니라는 생각 말이다."

"그게 무슨 뜻이죠?"

"시인은 그 시대의 잘못된 점을 시에 담아 많은 사람들에게 전해야 한다는 것이지. 그걸 통해 세상을 서서히 바꾸어 나가야 하는 거야. 모든 사람들이 살기 좋은 세상으로."

불현듯 강진 유배지에 처음 도착했을 때가 떠오른다. 한 노파가 운영하는 허름한 주막의 작은 골방에서 몇 년 동안이나 힘들게 지냈지. 오죽하면 아내의 헌 치마를 잘라 한지에 붙여 책을 만들고, 거기

에 가훈을 적어 두 아들에게 보냈겠는가. 난 그것을 노을처럼 빛바랜 붉은 치마로 만든 책이라 하여 〈하피첩〉이라고 불렀지. 그처럼 어려움을 겪었으니 농민들의 어려운 삶을 조금이나마 이해할 수 있었다.

대림이의 가냘픈 손이 깊은 생각에 잠긴 나를 깨어나게 한다.

"할아버지! 그럼 작년에 다 쓰셨다는 《목민심서》도 그런 책인가요?"

"아무렴. 관리들이 백성들을 어떻게 다스려야 하는지를 일러둔 책이지. 48권일 거야."

"우아! 어떻게 그렇게 많이 쓰셨어요? 저는 훈장님께서 시를 한 수 지어오라고 해도 막 몸이 꼬이고 그러는데요. 헤헤."

녀석이 감탄하는 걸 보니 흥이 절로 난다.

"재작년에 쓴 《경세유표》도 마찬가지란다. 정치, 경제, 사회 제도를 고쳐서 강하고 잘사는 나라를 만들려고 쓴 책이지. 그리고 올해 쓴 《흠흠신서》 역시 사람의 생명은 귀한 것이니 형벌을 담당하는 관리들에게 신중하게 하라고 당부한 글이고."

"그런데 할아버지는 어려서부터 글을 잘 쓰셨어요?"

내 어린 시절을 말하는 것이 녀석에게 힘이 될지 어떨지 모르겠다. 그러나 글공부에 흥미가 없는 녀석에게 약간의 자극은 오히려 약이 될 성싶다.

"나의 어머니, 그러니까 네 증조할머니께선 내가 아홉 살 때 돌아가셨단다. 난 어린 나이에 너무도 외롭고 슬퍼서 한동안 어쩔 줄 몰라 했지. 그러다가 책에 푹 빠져들었어. 책을 읽으면 마음이 포근해졌거든."

"그러셨구나."

"그 이듬해엔 《자치통감》과 《십팔사략》 같은 역사책과 사서삼경을 읽었어. 그리곤 그 책들을 본떠서 본격적으로 글을 짓기 시작했지. 글 쓰는 게 얼마나 재미있던지, 난 자나깨나 글을 쓰고 또 썼어."

"얼마나 쓰셨는데요?"

"그때 지은 글을 쌓아놓으니까 내 키만큼 되더구나."

"네에? 어, 얼마만큼이라고요?"

녀석의 벌어진 입이 다물어지질 않는다. 어차피 얘기가 나온 김에 마저 다 해야겠다.

"그 글을 모아 지은 책이 《삼미자집》이란다."

"와! 책까지 만드셨어요? 그런데 왜 책 제목을 그렇게 지으셨어요?"

"보면 알겠지만, 난 어릴 때 홍역을 앓아 오른쪽 눈썹 위에 흔적이 남아 눈썹이 세 개로 나누어졌단다. 그래서 눈썹이 세 개인 아이라는 뜻으로 그렇게 정했지. 허허허."

"에이, 좀 예쁜 이름으로 짓지 그러셨어요? 미남처럼 생기셨으니까 《미남자집》이라고 말이에요. 헤헤헤."

가재는 게 편이라고 녀석이 그래도 제 할아비를 멋지게 보는 모양이다. 이 나이에도 손자 녀석의 칭찬에 어깨가 으쓱하니 아직 나도 청춘인가보다.

"그럼 그게 할아버지의 첫 글들이었겠네요."

"웬걸? 난 일곱 살 때에 '작은 산이 큰 산을 가렸으니 / 멀고 가까움이 다르기 때문이라네.'라는 오언시를 지었단다. 네 증조할아버지께서 그걸 보시고는 무척이나 놀라시며 칭찬해주셨어."

"일곱 살 때요? 휴! 전 아직도 시 한 수를 제대로 못 짓는데……."

"걱정 말거라. 이 할아버지의 글재주가 어디로 가겠니? 너도 마음을 다잡고 노력하면 안 될 것이 없단다."

녀석이 기대 반 의심 반의 눈초리로 되묻는다.

"정말 그렇게 될 수 있어요?"

"아무렴. 대기만성이라고 큰 그릇은 늦게 만들어진다는 말이 있지 않니? 그러나 글 쓰는 건 재주만 가지고 되는 일이 아니란다. 난 너만 할 때부터 책을 읽고 글을 짓는 일에 온 힘을 다 쏟았단다."

"……."

"난 스물두 살에 성균관에 들어가 체계적으로 공부를 하기 시작했지. 그러고는 스물여덟 살에 대과에 합격해 벼슬길에 나아가기 전까지 수많은 시험을 치렀어. 과거 시험을 잘 보기 위해 책을 읽고 생각하고 정리하며 쉼 없이 노력했던 시절이었지. 그때 내가 생각하는 걸 조리있게 표현하는 글 솜씨가 많이 늘었단다."

시험이라니까 녀석의 얼굴이 금세 굳어진다.

"그러나 노력하면 대가도 있는 법이지. 난 일 년에 네 번 보는 반제라는 시험에서 좋은 성적을 받아 정조 임금님께 상을 받기도 했단다."

"햐! 역시 우리 할아버지세요. 무슨 상을 받으셨어요?"

"종이와 붓, 그리고 《대전통편》,《국조보감》,《병학통》과 같은 책

성균관 고려 말과 조선 시대 최고의 교육기관.
반제 조선 시대에 성균관 식당에서 아침저녁 두 끼를 50번 이상 먹은 유생들만 볼 수 있는 과거 시험.

을 받았지, 아마."

"먹을 건 안 주셨어요? 사탕이나 떡 같은 거 말이에요. 전 그런 상이 좋은데. 헤헤."

"그래! 그러고 보니 생각난다. 그때 임금님께서 옥으로 만든 필통에 술을 가득 채워 주셨어. 그걸 한 번에 다 마시느라고 진땀을 빼긴 했지만, 다른 선비들이 모두 부러워해서 기분이 매우 좋았단다."

그러고 보니 젊은 시절의 꿈 많던 시절로 돌아가는 듯하다. 책을 읽고 글을 쓰며 보다 좋은 세상을 만들어야겠다고 다짐하던 꽃다운 시절. 이 녀석에게도 그런 날이 오겠지. 이 자리가 그 발판이 된다면 좋을 텐데.

"할아버지! 좋은 시를 쓸 수 있는 비밀을 저한테만 살짝 알려주세요. 저도 멋진 시를 지어 훈장님과 아버지를 깜짝 놀라게 해드리고 싶어요. 헤헤."

"비밀? 글 쓰는 비법을 말하는 모양인데, 그런 게 있나?"

"치! 가르쳐주고 싶지 않으신 거죠?"

"허허허, 다른 사람이라면 몰라도 우리 손자한테 그럴 수야 없지. 시 쓰는 방법은 금방 배울 수 있단다. 하지만 재주나 노력보다도 마음이 우선이란다. 사람을 사랑하고, 세상을 따스한 눈길로 바라볼 수 있는 진실한 마음 말이야."

"……"

"좋은 시란 멋진 단어를 써서 그럴듯하게 표현한다고 해서 되는 게 아니야. 우선 순수한 마음으로 세상을 있는 그대로 보고, 그 핵심적인 내용을 콕 집어내야 한단다. 그다음에 풍부한 내용과 깊은 뜻을 군더더기 없이 표현하는 게 좋은 시를 쓰는 비결이지."

"아까 읽었던 〈적성촌의 집에서〉 시처럼요?"

녀석이 고개를 끄덕이며 생각에 잠긴다. 이참에 한마디 더 해야겠다.

"암, 그렇고말고. 좋은 시를 쓰기 위해 마음공부를 해야 하는 이유가 거기 있단다."

"……."

"백성들의 삶에 관심을 가지고 글로써 그들의 어려움을 널리 알려, 잘못된 것을 고치도록 하는 게 시인이 해야 할 일이지. 장수와 병사가 칼로써 세상을 지배한다면, 학자와 작가는 글로써 세상을 변화시키는 거야. 알겠니?"

"네! 저도 멋진 글을 써서 모든 사람들이 살기 좋은 세상을 만들 거예요."

"이제 우리 대림이를 똥강아지라고 부르지 말아야겠구나. 이렇게 어른스런 말을 하는 걸 보니. 허허허."

"할아버지는 괜히. 헤헤."

녀석의 얼굴이 발그레해진다. 밖에서 며느리의 낭랑한 목소리가 들린다.

"아버님! 어서 나와 보셔요. 함박눈이 내려요. 어머, 소담스럽기도 하지."

춥고 긴 겨울이 따스한 것은 바로 가족이 함께 있고, 그들과 가슴을 맞댈 수 있는 여유가 있기 때문이 아닌가. 18년간의 모진 고통 속에서도 붓을 놓지 않았기에 오늘과 같은 포근한 날이 온 것이리라.

"오호! 정말로 탐스런 눈이로다. 흰 눈이 온 세상의 티끌을 덮었으니, 그야말로 별천지가 따로 없구나. 허허허."

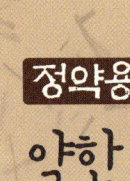

정약용
약한 자의 아픔을 헤아리다

    다산 정약용은 1762년 6월 16일 경기도 광주군 초부면 마재(오늘날의 양주군 능내리)에서 아버지 정재원과 어머니 해남 윤씨 사이에서 태어났다. 친가는 8대에 걸쳐 홍문관 학사를 한 집안이었으며, 외가는 시조 시인인 윤선도와 선비 화가인 윤두서를 배출한 집안이었다. 아버지는 첫 부인 사이에서 약현을 두었고, 둘째 부인인 해남 윤씨 사이에서 약전, 약종, 약용과 딸을 두었다. 정약용이 9살 때 어머니가 세상을 떴다. 그는 어려서부터 경전과 역사서, 그리고 고문을 부지런히 읽었으며, 또 시를 잘 짓는다는 칭찬을 받았다.

    정약용은 15살에 홍화보의 딸과 혼인했다. 22살인 1783년에는 진사시험에 합격해 성균관에서 공부하게 됐다. 28살에 대과에 합격하여 벼슬길에 나갔다. 규장각 초계문신, 수원 화성 설계자, 암행어사, 곡산부사를 하면서 좋은 평가를 받아 정조의 총애를 받았다. 그러나 1800년 6월 정조가 세상을 떠나 11살의 어린 순조가 왕위에 오르자, 노론 벽파들이 정권을 장악하고 천주교를 빌미로 정약용을 없애려고 했다.

    정약용 집안은 혼인을 통해 이익의 실학을 받아들이고, 천주교를 믿게 되었다. 정약용의 누이는 조선 최초의 천주교 신자인 이승훈에게 시집갔고, 정약용은 정약현의 처남인 이벽을 통해 천주교를 알게 되었다. 작은형인 정약종과 조카들인 철상, 하상, 정혜, 그리고 매부인 이승훈은 천주교를 믿다가 1801년 신유사옥 때 순교했다. 정약용은 40살 때 체포돼 경상도 장기로 유배당했다. 이어 조카사위인 황사영이 백서사건을 일으켜 사형을 당했다. 이로 인해 정약용은 다시 한양에서 조사를 받았다. 그 뒤 형 정약전은 흑산도로, 정약용은 강진으로 귀양갔다.

정약용은 강진에 도착해 동문 밖 주막에서 1805년 겨울까지 약 4년간 살았다. 두 번째 거처는 보은산방으로 1805년에 큰아들 정학연이 그곳에 찾아와 《주역》과 《예기》를 배웠다. 1806년에 이학래의 집으로 옮겼다가, 1808년에 다산초당에 자리를 잡았다. 그는 유배 생활의 어려움 속에서 오직 책 읽기와 글쓰기에만 열중했다. 그는 실천의 학문을 하고자 했으며, 자기 자신의 슬픔보다는 잘못된 시대를 아파했다. 그는 글로써 당시 백성들의 고통을 사실적으로 그려냈다. 양반과 관리와 부자들의 끝없는 착취와 이로 인한 농민들의 비참한 생활을 보고 농촌문제를 해결하기 위한 글쓰기에 힘썼던 것이다. 그리하여 유배 초기에는 농민시를 비롯하여 사서 육경에 관한 경학연구서 232권을 썼고, 후기에는 《경세유표》, 《목민심서》 등을 썼다.

정약용은 57살 때 유배에서 풀려나 고향으로 돌아왔다. 그는 실학을 크게 이룬 학자답게 여러 학문 분야에 걸쳐 5백여 권 정도의 글을 남겼다. 그는 1836년 2월 22일 혼인한 지 60주년이 되는 날, 75살의 나이로 세상을 떴다.

농민시를 쓴 양반의 글

다산시문집

정약용은 2500여 수에 달하는 많은 시를 남겼다. 그러나 그의 시는 양반이 취미로 짓는 것이 아니었다. 그는 유배지에서 보낸 편지에서 옳은 것을 칭찬하고, 잘못을 꼬집고, 착한 일을 권하고, 나쁜 일을 나무라는 뜻이 없는 것은 시가 아니라고 했다. 이에 따라 그는 개인적인 감정뿐만 아니라, 당시의 사회와 백성들의 삶을 있는 그대로 시로 읊었다.

그의 농민시는 잘못된 제도 아래에서 백성들이 당하는 고통을 생생하게 그리고 있다. 호랑이와 양, 고래와 물고기처럼 대립 관계에 있는 동물들을 소재로 하여 강한 자와 약한 자, 지배자와 지배당하는 자의 갈등을 우화적으로 그리기도 했다. 그의 우화시는 당시의 사회문제를 고발하는 또 다른 방법이었던 것이다. 또한 정약용은 시에 강한 민족의식을 담아내기도 했다. 그는 우리나라의 고사를 시에 인용하기도 하고, 보릿고개나 높새바람과 같은 순수한 우리말을 한문으로 옮겨 시에 쓰기도 했다. 그의 한시는 200여 년 전에 지어졌지만, 오늘날까지 생생하게 살아 있다. 그 시대가 안고 있는 문제를 과감히 시로 그렸기 때문이다.

경세유표

정약용이 국가의 묵은 체제를 고치는 방법에 대해 쓴 것으로 1817년에 완성된 44권 15책의 서적이다. '경세'란 국가 제도의 뼈대를 세워 다스림으로써 나라를 새롭게 하겠다는 뜻이며, '유표'란 신하가 죽으면서 임금에게 올리는 글이라는 뜻이다. 그는 먼저 개혁의 큰 틀과 원리를 드러내 보인 뒤, 이미 행해지고 있는 제도를 왜 고쳐야 하는지를 논리적으로 설명하고 있다.

이 책에서는 관직 체제의 개편, 신분과 지역의 차별을 없앤 인재 등용, 자원에 대한 국가관리, 토지제도의 개혁, 세금제도의 합리화, 지방행정조직의 개편 등을 들고 있어 당시의 문제가 거의 모두 포함되어 있다. 이와 함께 기술을 발달시키고 상공업을 일으켜서 나라를 잘 살게 해야 한다는 실학자들의 주장도 폭넓게 담겨있다. 따라서 이 책은 당시의 정치, 경제, 사회 제도를 바꾸어 부유하고 강한 나라를 만드는 데 목표를 두고 있다.

목민심서

정약용이 조선과 중국의 역사책을 비롯한 여러 책에서 지방 관리의 행적을 뽑아 쓴 48권 16책의 서적이다. 1818년에 완성된 이 책에서는 지방 관리들이 올바른 태도로 업무를 하여 농민들이 잘 살 수 있도록 하는 문제를 다루고 있다. 백성의 삶과 관리의 의무를 하나로 보아 목민관인 고을수령이 지켜야 할 도리를 밝히고 있다. 한양에서는 귀족들이 권력다툼에 열을 올리고 있는 동안, 지방에서는 부정부패가 판을 치고 있었던 것이다.

이 책에서는 고을수령이 백성을 다스리는 방법과 갖추어야 할 기본자세를 조목조목 적고 있다. 또한 정약용이 암행어사와 곡산부사 등을 지내면서 직접 체험한 백성들의 힘든 삶을 잘 담아내고 있다. 이 책은 관리의 입장이 아니라 백성의 편에 서서 관리들의 횡포와 부정부패를 고발하는 형식으로 쓰여져, 정약용이 백성을 얼마나 사랑하는지 잘 드러나고 있다.

흠흠신서

정약용이 1819년에 완성한 30권 10책의 서적이다. 이 책은 우리나라 최초의 범죄와 형벌에 관한 연구서이자 실제의 살인사건 재판을 위한 지침서이다. 형벌은 사람의 생명에 관한 일이지만, 당시에는 이를 가볍게 다루고 있었다. 정약용은 살인사건에 대한 문서와 재판이 매우 형식적이고 성의 없이 이루어지고 있는 점을 크게 걱정했다. 따라서 그는 이 책에 형벌을 다루는 관리들이 조심해야 할 점들을 구체적으로 적어놓았다.

정약용은 관리들이 모든 것을 헤아리고 바로잡아 백성들의 억울함이 없기를 바랐다. 그는 관리들이 법률에 밝지 못하고 사실을 올바르게 판단할 능력이 부족하여 잘못된 판결이 내려지는 것을 보고 이 책을 썼던 것이다. 그는 판결에 있어서 신중함과 관대함이 우선되어야 한다는 점을 강조하고 있어 그의 백성 사랑하는 마음을 엿볼 수 있다.

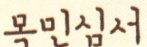

소설로 양반 세계를 꼬집은
박지원

1801년(순조 1년), 하늘이 높고 푸른 가을날이다.

나는 올해 양양의 부사로 있다가 승려와 관리들이 짜고 벌이는 부정부패를 참다못해 자리를 내놓고 한양으로 올라왔다. 넓고 파란 동해와 우뚝 선 설악산과는 달리, 사람들은 욕심으로 가득 차 있었다. 탐욕의 끝은 어디인가.

"선생님, 안녕하세요?"

이십 여명의 학동들이 집 안으로 우르르 몰려든다. 오늘은 글쓰기를 장려하기 위해 개최한 전국 각 지역의 백일장에서 장원을 한 학동들이 방문하는 날이다. 틀에 얽매이지 않고 살아온 나에게 〈작가와의 만남〉이라는 공식적인 행사가 낯설기도 하고 부담스럽기도 하다. 더욱이 학동들을 인솔하여 온 홍문관의 박사가 나를 이 시대 최고의 작가라고 소개하니 낯이 뜨겁다.

커서 훌륭한 문인이 될 학동들을 대하니 더없이 기쁘다. 꿈 많은 이들과의 만남이라! 65살의 나이인데도 마치 아내를 처음 만났을 때처럼 설렌다.

"어서와요. 학동들!"

학동들과 구경 온 마을 사람들로 넓지 않은 대청마루와 마당이 꽉 찼다. 학동들의 빛나는 눈동자가 보기 좋다. 이런 총명하고 티 없는 기운이 세상을 맑게 할 것이라 생각하니 가슴이 뿌듯하다. 홍문관

부사 조선 시대에 대도호부사와 도호부사를 아울러 부르던 벼슬.
홍문관 궁궐의 책과 문서를 관리하고, 왕의 물음에 응하는 일을 맡아보던 관청.

박사가 말문을 튼다.

"여러 학동들은 글쓰기에 대해 거리낌 없이 질문하여 선생님께 큰 가르침을 받도록 하세요."

학동들이 긴장감과 어색함으로 서로의 얼굴을 보며 쭈뼛쭈뼛하고 있다. 이때 뒤쪽에서 웅성거리는 소리가 들린다. 고개를 빼고 바라보니 한 학동이 옆집 하인인 삼돌이를 꾸짖고 있다.

"네가 하인인 주제에 감히 여기가 어디라고 기웃거린단 말이냐?"

한복을 단정하게 차려입은 학동의 엄한 모습에서 한 치의 흐트러짐도 찾아볼 수 없다.

"학동! 그 녀석도 우리의 얘기를 듣고 뭔가 배우려 한 것일 터이니 너그럽게 봐줘요. 허허."

내가 하인을 두둔하자 단정한 학동의 눈이 동그래진다. 그러자 듬직하게 생긴 학동이 씩씩하게 나서며 말한다.

"흥! 양반은 양반이고, 상것은 상것입니다. 저런 버릇없는 상것은 단단히 혼내 주어야합니다."

"맞습니다."

학동들이 저마다 한마디씩 거든다. 그러자 엉뚱한 상황에 당황한 홍문관 박사가 손을 들어 학동들을 진정시킨다. 학동들의 시선이 모두 나에게 쏠린다. 내가 뭔가 단호한 결정을 내려주길 바라는 모양이다.

"학동들은 양반이 무엇이라 생각하나요?"

그러자 하인을 꾸짖던 학동이 거침없이 대답한다.

"양반은 사농공상 중 선비인 사에 해당하며, 농민·공업인·상인 같은 평민과 종 같은 천민들을 다스리고 먹여 살리는 사람들입니다. 험험."

"옳아요. 양반이란 모름지기 평민과 천민 같은 백성들로부터 대접을 받는 대신, 그들이 잘 살 수 있도록 보살펴 주는 신분이죠."

숙연한 가운데, 나이가 들어 보이는 학동이 따지듯이 묻는다.

"그렇다면 신분의 차이를 알고 행동해야 하는 것 아닙니까? 쳇! 상것이 감히 어딜."

"분명히 신분의 차이가 있고, 해야 할 일이 따로 있죠. 그러나 오늘날 양반들은 자기의 권리만을 주장하며, 의무는 뒷전으로 미루고 있지 않나요? 자신들의 욕심을 채우기 위해 백성들을 마구 괴롭히고 있죠."

"……."

씩씩거리며 나서던 학동이 한풀 꺾인 듯이 되묻는다.

"그렇다면 양반이 해야 할 올바른 일이란 무엇입니까?"

"자신보다는 나라와 백성들을 위해 일해야죠. 그러나 오늘날 양반들은 그렇지 않아요. 그래서 난 젊은 시절부터 양반들의 거짓되고 잘못된 삶을 꼬집는 글들을 썼던 거예요."

바로 앞에 앉아있던 키 작은 학동이 나선다.

"선생님께서 지으신 《양반전》 같은 소설이 그런 거죠?"

"오호! 학동이 그 글을 읽었단 말예요?"

"아, 아뇨. 서당 훈장님께 말씀만 들었습니다. 양반들이 읽을 글이 아니라고……."

순간 '아차' 싶었던지 학동의 얼굴이 발그레해진다. 다른 학동들도 이런 말을 들은 적이 있다는 듯이 고개를 끄덕인다. 기둥에 기대어 있던 학동이 몸을 추스르고 일어나며 말한다.

"선생님! 그 글의 내용을 알려주세요. 왜 양반들이 읽으면 안 되는지 알고 싶습니다."

홍문관 박사도 학동들에게 진실을 말해주라고 부추긴다.

"그럼《양반전》의 내용을 간단하게 말하죠."

강원도 정선군에 한 양반이 살았다. 그는 글 읽기를 좋아했으나 집안이 가난하여 해마다 관가에서 양식을 꾸어다 먹었다. 마침 강원도 감사가 정선에 들렀다가 한 양반이 관가의 쌀을 천 석이나 꾸어다 먹은 걸 알고 당장 갚으라고 명령했다.

그때 한 부자가 가난한 양반 대신 돈을 갚고 양반 자리를 얻었다. 그러자 정선 군수가 자기와 양반을 곤란에서 구해주어 고맙다면서

부자에게 양반 증서를 만들어 주었다.

'양반은 늘 새벽이 되면 일어나 등잔을 켜고 책을 왼다. 굶주림을 참고 추위를 견뎌 힘들다고 말하지 않고, 양치질해서 입내를 내지 말고, 걸음을 느릿느릿 옮긴다. 그리고 책을 깨알같이 베껴 쓰고, 손에 돈을 만지지 말고, 쌀값을 묻지 말고, 더워도 버선을 벗지 말고, 밥을 먹을 때 맨상투로 밥상에 앉지 말고, 국을 훌쩍훌쩍 떠먹지 말고, 생파를 먹지 말고, 막걸리를 마신 다음에 수염을 쭈욱 빨지 말고, 담배를 피울 때 볼에 우물이 파이게 하지 말고, 화나서 가족과 종들을 때리지 말고, 성내서 그릇을 내던지지 말고, 말할 때 침을 흘리지 말고, 소 잡는 일을 말고, 노름을 하지 말 것이다.'

잠시 후 부자는 양반이라는 게 너무 힘들고 재미없으니 무슨 이익이 되도록 문서를 고쳐달라고 했다. 그러자 군수는 문서를 다시 꾸몄다.

'하늘이 백성을 낳을 때 넷으로 구분했으니, 그 가운데 가장 높은 것이 곧 양반이다. 양반의 이익은 크니 농사도 안 짓고 장사도 안 하고 약간의 옛글이나 역사를 대략만 알아도 과거를 치러 크게 되면 문과급제요, 작게 이루더라도 진사가 된다. 돈 자루와 벼슬을 한 손에 거머쥐게 되는 것이다. 비록 양반이 시골에 묻혀 있어도 이웃의 소를 끌어다 먼저 자기 땅을 갈고, 마을의 일꾼을 잡아다 자기 논의 김을 맨들 누가 감히 그를 괄시하랴. 백성들 코에 잿물을 들어붓고, 상투를 잡아 휘휘 돌리고, 수염을 낚아채더라도 원망하지 못할 것이다.'

증서가 겨우 반쯤 되었는데, 부자는 자기를 도둑놈으로 만들 것이

냐고 하면서 뒤도 안 보고 달아나 버렸다. 그리고 부자는 그 뒤로 다시는 양반이란 말을 입에 담지 않았다.

말을 마치자 학동들이 모두 놀란 눈치이다. 양반이 그처럼 부끄러움 없는 행동을 서슴지 않고 한다는 사실에 입을 다물지 못하고 있다. 잠깐의 고요함을 깨고 섬돌에 선 똘똘하게 생긴 학동이 손을 슬며시 들어올린다.

"선생님, 그럼 《호질》이나 《허생전》, 그리고 《예덕선생전》과 《광문자전》 같은 소설들도 이처럼 양반을 꾸짖는 내용인가요?"

"나에 대해 상당히 많은 조사를 했군요. 허허. 그 글들은 모두 양반을 꾸짖고 평민들을 칭찬하는 내용들이죠. 사람들이 살만한 세상을 만드는 것이야말로 작가가 글을 쓰는 이유 아닌가요?"

그러자 섬돌에 선 학동이 다시 머리를 긁적이며 모기만한 소리로 말을 잇는다.

"그럼 모든 양반들이 선생님과 그 글들을 싫어했을 텐데요."

"한때 그랬죠."

"아휴! 그걸 어떻게 견디셨어요? 완전히 따돌림 당하셨을 거 아니에요?"

학동의 한숨 소리에 돌계단이 무너질 듯하다. 진정으로 나를 걱정하는 학동의 표정이 심각하다.

섬돌 집채의 앞뒤에 오르내릴 수 있게 놓은 돌층계.

"난 작년에 돌아가신 정조 임금님의 사랑을 많이 받았어요. 그런데 정조께서 1792년에 문체 반정을 명령하셨어요. 당시의 글들이 옛글을 따르지 않고 새로운 유행을 따라서 속되게 됐으니, 다시 올바르게 해야 한다는 거였죠."

이때 마루 뒷자리에 앉아 고개를 빼고 있던, 얼굴이 갸름한 학동이 손을 들며 묻는다.

"선생님! 문장은 한나라요, 시는 당나라와 송나라의 것이 최고라고 했는데, 문인들이 그걸 본받지 않았기 때문에 그런 거라면서요?"

"옳지! 그걸 알다니 대단하군요."

다른 학동들의 시선이 집중되자, 갸름한 학동의 얼굴이 발그레해진다.

"나는 친척 형님을 따라 1780년에 중국에 다녀왔는데, 그때 기행문으로 《열하일기》를 썼어요. 그런데 그 글이 새로운 문체를 유행시켰죠. 내가 바로 문체를 변화시킨 장본인인 셈이었어요.

"네에? 정말요?"

웅성거리는 학동들이 서로를 바라보며 설마 하는 눈치를 보인다.

"난 우리가 오랑캐라고 깔보는 청나라를 인정하고, 그 문물을 받아들여서 좀 더 잘 사는 나라가 되길 바랐어요. 난 이처럼 양반들이 쉽게 받아들일 수 없는 걸 《열하일기》에 썼거든요. 그것도 옛날서부터 쓰던 격식을 갖춘 문체가 아니라, 새로운 문체로요."

오랑캐 원래는 두만강 일대에 살던 여진족을 멸시하여 부르던 말이나, 야만족을 통틀어 이르기도 함.

"새로운 문체가 뭔데요?"

"여러분들도 서당에서 배우고 있겠지만, 한시의 경우에는 당송 때부터 지켜오던 정해진 형식이 있어요. 어떤 구절은 어떻게 써야 하고, 어떤 분위기에서는 어떤 식으로 표현해야 한다는 공식 같은 게 있는 거죠. 그러니 많은 작가들이 보지 않고도 본 것처럼 옛사람의 멋진 표현을 본떠서 그럴 듯하게 쓰곤 했거든요. 그런데 난 그런 틀을 무시하고 내가 보고 느낀 걸 있는 그대로 썼던 거예요."

마루에 걸터앉은 통통한 학동이 궁금해 못 견디겠다는 표정으로 묻는다.

"우리 훈장님께서 시는 자기 맘대로 쓰면 안 된다고 하시던데요. 그렇게 문체를 바꾸셔서 벌 받지는 않으셨어요?"

"허허허. 벌이라면 벌을 받은 셈이죠. 반성문을 썼으니까요."

"치! 그것 봐. 내 그럴 줄 알았다니까."

나라의 기강을 흔들었으니 벌 받는 게 당연하다는 표정들이다.

"나는 어명을 받아 책임자가 된 남공철 공에게 반성하는 편지를 옛 문체로 써서 보냈어요. 그런데 얼마 후에 정조께서 그 편지를 보고 감탄하시며 칭찬해주셨죠."

"우아! 임금님께서 감탄하셨대."

"아냐. 칭찬하셨대."

"햐! 그때부터 대단한 작가가 되셨구나."

남공철 조선 시대의 문신이자 문장가(1760년~1840년). 대사성, 부제학, 영의정을 지냈고, 시와 글씨에 뛰어나 많은 금석문과 비문을 썼으며, 구양수의 글을 숭상하고 본받았다.

혹시 잘못되지 않을까 가슴 졸이던 학동들이 일제히 환호성을 터뜨린다. 그리 크지 않은 집이 들썩들썩한다. 이처럼 순박한 아이들과 함께하는 시간이 즐겁다. 오늘 이 아이들에게 가치 있는 글쓰기에 대해 알려주어야겠다.

"글이란 형식이 중요한 것이 아니고, 자기의 뜻을 표현하면 돼요. 한·당·송나라는 지금 세상이 아니에요. 더욱이 그 글들도 당시에는 새로운 것이었지만, 세월이 흐르면서 고문이 된 것이 아닌가요?

"……."

"고문은 가치가 있고, 지금 것은 속되다고 할 수 없어요. 우리는 고문에서 형식이 아니라 정신을 배워야 해요. 글자가 병사라면, 글의 뜻은 장군인 셈이죠."

고문 중국 문체의 하나로 당나라 때 유행한 사륙문과 대비되는 진한 시대 이전의 산문.

모두 숙연한 분위로 돌아가 내 말에 귀를 기울이고 있다. 이때 호리호리하게 생긴 학동이 나선다.

"표현보다는 내용이 중요하다는 말씀인가요?"

"맞아요. 정해진 형식에 따라 관습적이고 기계적이고 틀에 박힌 듯이 쓴 글보다는 사실을 있는 그대로 자유롭게 쓴 글이 가치있는 글이죠. 여기에 글의 참 맛이 있어요."

"선생님 말씀은 자기 생각 없이 다른 사람들의 의견을 무조건 따라가는 태도가 나쁘다는 뜻이네요."

순간 나는 너무 놀란 나머지 양손으로 마루를 짚는다. 아직 어린 저 학동이 어찌 저렇게 깊은 뜻까지 헤아리고 있단 말인가. 뒤따라오는 후손들의 총명함을 두려워해야 한다는 공자님 말씀을 이제야 알겠다. 이 나라의 미래가 밝은 건 바로 저런 인물들이 자라나고 있기 때문이리라.

벽에 기대 앉아 고개를 끄덕이던 눈이 큰 학동이 나도 질 수 없다는 듯이 불쑥 묻는다.

"선생님은 왜 다른 양반들처럼 옛글을 따르지 않고, 실제 생활을 있는 그대로 쓰려고 했나요? 실제 생활 문제는 평민들이나 관심을 갖는 것 아닌가요?"

"양반의 눈으로 본다면 학동의 말이 맞아요. 그러나 나는 다른 양반들과는 좀 달랐어요."

"다르다뇨?"

"나의 부모님은 내가 아주 어릴 적에 모두 돌아가셨어요. 난 두 분의 얼굴조차 기억하지 못해요."

여기저기서 생각지 못했다는 듯이 놀란다. 바로 앞에 앉은 자그마한 학동이 슬픈 눈빛으로 나를 바라본다.

"난 다섯 살 때부터 할아버지께서 벼슬하시는 마을을 따라다니며 컸어요. 부모님이 안 계셔서 쓸쓸하기도 했지만, 몸이 워낙 약해서 항상 골골 했죠."

급기야 앞의 학동이 눈물을 글썽인다.

"저도 어머니가 안 계셔서 항상 외로운데, 선생님은 저보다 더 하셨네요. 전 그래도 아버지는 계신데. 훌쩍!"

"아, 그랬군요."

"선생님은 그때 어떻게 슬픔을 이겨내셨어요?"

"난 책을 읽고 싶었지만, 할아버지께선 내가 몸이 약하다고 책을 못 보게 하셨어요. 매일 밖에 나가 뛰어놀게 하셔서 슬플 틈이 없었어요. 허허허."

뒤쪽에 서있는 학동이 이상하다는 듯이 고개를 갸우뚱하며 불쑥 나선다.

"선생님, 양반집 자제들은 모두 서당에 가거나 집에서 글을 익히고 있었을 텐데, 도대체 누구랑 노셨어요?"

"사실 난 아까 소란을 피운 삼돌이처럼 신분이 낮은 아이들과 열여섯 살 때까지 친구로 지냈어요."

내 말이 학동들에게는 마른하늘에서 날벼락 떨어지는 것처럼 들렸나보다.

"네에? 마, 마, 말도 안 돼."

"저희들을 놀리시느라고 괜한 말씀을 하시는 거죠?"

하긴 내 말을 믿을 사람이 어디 있을까. 양반이 평민과 친구하다니.

"난 아전과 노비의 자식들과 친구로 지내면서 양반들이 모르는 걸 배울 수 있었어요. 사람들이 살아가는 실제 생활의 모습과 양반들이 저지르고 있는 잘못을 생생하게 보고 들었죠. 그러면서 난 세상을

아전 조선 시대에 관청에서 행정 실무에 종사하던 중인계급.
노비 사내종과 계집종을 아울러 이르는 말.

비판적으로 볼 수 있는 눈을 자연스럽게 키웠어요."

얼굴이 하얀 학동이 얌전히 손을 들며 입을 연다.

"전 오늘 여기 오기 위해 선생님의 글들을 좀 읽었어요. 선생님의 소설에 똥치는 사람, 무식한 부자, 뒷골목의 거지와 같은 평민이나 천민이 주인공으로 등장하던데, 그 이유가 바로 거기 있나요?"

"하나를 가르치면 열을 안다는 말을 바로 이런 때 해야겠네요. 우리 학동들이 글재주가 뛰어나 관찰력도 뛰어나리라고 예상은 했지만, 솔직히 말해서 이 정도로 빼어나리라고는 상상도 못했어요. 너무나도 정확한 지적이에요."

칭찬을 하자 학동의 흰 얼굴이 붉게 물든다. 입가에 번지는 옅은 미소가 보기 좋다.

"나에게 친구는 귀하고 천하고의 구분이 없었어요. 모두 같은 사람일 따름이었죠. 글쓰기도 마찬가지였어요. 옛글은 귀하고, 지금 글은 천한 게 아니었으니까요."

"……."

"어떤 정신을 지니고 있는 사람인가가 중요하듯이, 어떤 정신을 담고 있는 글인가가 중요하지 않겠어요?"

학동들이 말없이 고개를 끄덕인다. 일찌감치 혼인을 한 듯 앳된 얼굴에 갓을 쓴 학동이 점잖게 묻는다.

"그럼 선생님은 언제 공부를 하셔서 오늘과 같은 대작가가 되셨습니까?"

"난 열여섯 살에 결혼했는데, 그때부터 아내의 삼촌인 이양천 홍문관 교리께 본격적인 공부를 배웠어요. 공부는 이론과 학설이 중요한 게 아니라, 세상에 실질적인 이익을 줄 수 있어야 한다는 걸 배웠죠."

"그걸 실학이라고 하지 않나요? 편리한 기구를 잘 사용해서 먹고 입는 것을 풍부하게 한다는."

나도 모르게 손으로 무릎을 철썩 내리친다. 내 말을 알아듣는 학동들을 보니 신바람이 절로 난다.

"옳지! 바로 그거죠. 난 그때부터 양반들이 하는 공부가 실제 생활에 도움을 주어 모든 이들을 잘 살게 해주어야 한다고 생각했어요."

"그럼 그 뒤로는 걱정 없이 열심히 공부만 하셨겠네요?"

어머니가 안 계시다며 눈물을 글썽이던 학동이 이제는 됐다는 듯이 밝게 묻는다.

"그렇지 않았어요. 내가 마흔한 살 되던 해에 임금님의 총애를 받던 홍국영이 우리 집안을 노린다는 소문을 들었어요. 그래서 난 개성 근처에 있는 금천의 연암협에 들어가 삼 년 동안 숨어 지내면서 책만 읽었죠."

"삼 년 동안이나요?"

"그때 난 어릴 적에 못했던 공부를 다 했어요. 그러고는 바로 중국에 다녀와 《열하일기》를 썼던 거예요."

그러자 학동들이 다시 술렁인다.

"역시! 그렇게 오랫동안 많은 책을 읽었으니까 그런 좋은 글들을

실학 조선 시대에 실생활의 유익을 목표로 한 새로운 학풍. 17세기~18세기까지 융성하였으며, 기술의 존중과 백성들의 생활의 향상에 대하여 연구하였다.

쓸 수 있었던 거야."

"아휴! 난 언제 그 많은 책을 읽고 그렇게 멋진 글을 써볼 수 있을까?"

홍문관 박사가 학동들을 위해 마지막으로 한마디 더 해달라고 청한다.

"좋은 글은 많은 책을 읽는 것뿐만 아니라, 세상을 어떤 눈으로 보고 어떤 마음으로 대하느냐에 달려 있어요. 좋은 글이란 멋진 단어와 화려한 문장으로 꾸며서 만들어지는 게 아녜요. 무엇보다도 세상을 있는 그대로 그려서 사람들이 그 잘잘못을 깨닫도록 하는 일이 중요하죠. 그러기 위해서 글 쓰는 이는 언제나 세상을 똑바로 봐야 하고, 누구나 살기 좋은 세상을 만들고자 하는 굳은 마음을 지니고 있어야죠."

그러자 삼돌이를 꾸짖던 단정한 학동이 무언가 결심한 듯이 단호하게 답한다.

"겉치레가 아니라, 우리의 마음과 생각을 올바르게 해야 좋은 소설이 된다는 말씀인가요?"

"그렇죠. 양반이 글을 배운 사람답게 행동해야 나라가 서고, 아랫사람들을 보듬어 안아야 세상이 평온하게 되는 거예요. 작가가 이런 세상을 꿈꿀 때, 그 글이 비로소 빛나게 되는 게 아닌가요?"

잠시 후, 단정한 학동이 삼돌이의 등을 토닥거린다. 사람의 마음이 바뀌었으니 어찌 세상이 바뀌지 않겠는가.

"여러 학동들의 글쓰기가 날로 발전하여 이 땅의 훌륭한 문인이 되길 기대해요."

"선생님, 감사합니다!"

학동들의 우렁찬 합창에 담장 밑에 앉아 졸던 바둑이가 화들짝 놀라 주위를 두리번거린다. 빨간 고추잠자리 서너 마리가 새털구름이 빗긴 파란 하늘을 한가로이 날고 있다. 모든 이들이 욕심 없이 더불어 사는 평화로운 세상을 꿈꾸듯이 산들바람이 상쾌한 가을날이다.

박지원
그릇된 세상을 비판하다

연암 박지원은 1737년 2월 5일에 한양의 반송방 야동(오늘날의 새문안)에서 태어났다. 어려서 부모를 잃고 돈령부지사를 지낸 할아버지 밑에서 자랐다. 16살에 이보천의 딸과 혼인하여 아내의 삼촌인 이양천에게 《사기》 등을 배우고 《이충무공전》을 지었다. 과거 시험을 준비하여 성균관시에 응시했으나 떨어졌다.

18살에 《광문자전》을 써서 선배들에게 칭찬을 받았다. 19살에는 《예덕선생전》을 썼고, 28살에 《양반전》을 지어 그의 글재주를 드러냈다. 1765년 가을에 금강산을 유람한 후 《김신선전》을 쓰고, 〈총석정관일출〉 시를 지었다. 특히 형식에 얽매이지 않는 실생활의 문체를 사용해 당시 양반들의 타락한 모습을 고발하고, 새로운 인간상을 그려 후대문학에 많은 영향을 끼쳤다.

30살 무렵에 실학자인 홍대용과 사귀어 서양의 신학문에 눈을 뜨게 되었다. 31살 때 박제가, 이덕무, 이서구, 유득공 등이 제자로 입문하여 뒷날 북학파의 기반을 마련했다. 그 뒤 박지원은 청나라의 문물을 받아들이고 배워야 한다는 북학파의 우두머리가 되었다. 그는 이용후생의 실학을 강조하여 실제로 1794년에는 수차, 베틀, 물레방아 등을 만들기도 했다.

1770년에 감시에서 장원하고, 이어 회시에 응시했으나 답안지를 제출하지 않았다. 결국 박지원은 과거를 단념하고 송도, 평양, 천마산, 속리산, 가야산, 단양 등지를 유람하며 견문을 넓혔다. 정조가 즉위한 1777년에 홍국영에 의해 벽파로 몰려 신변의 위협을 느끼자, 황해도 금천의 연암협으로 이사하여 독서에만 전념했다. 이때부터 연암이라는 호를 사용했다.

홍국영이 죽자 한양으로 돌아온 박지원은 1780년 5월 25일에 팔촌형인 금성도위 박명원이 사신으로 청나라에 갈 때 함께 갔다 10월 27일에 돌아왔다. 요동, 열하, 북경 등지를 지나는 동안 청나라의 생활과 기술을 눈여겨보고 귀국하여 《열하일기》를 썼다. 청나라의 문화를 소개하고, 당시 조선의 정치, 경제, 사회, 문화 등을 날카롭게 비판했다. 그 글은 당시 사대부들 간에 널리 퍼져 명성을 얻는 계기가 되었다.

1792년에 정조의 문체 반정이 있자 주관자인 남공철은 《열하일기》가 문체를 변화시킨 장본임을 지적하고 고문체로 잘못을 인정하는 글을 지을 것을 명령했다. 이에 박지원이 속죄하는 내용의 글을 보내자 정조가 그 편지를 보고 감탄했다.

박지원 집안은 대대로 벼슬을 한 까닭에 1786년에 정조가 특별히 그에게 선공감감역 벼슬을 내렸다. 1789년에 사복시주부, 이듬해 의금부도사, 사헌부 감찰을 하고, 다음해에 한성부판관을 거쳐 안의현감을 했다. 1797년에 면천군수가 됐고, 이듬해 왕명을 받아 농사에 관한 책 2권을 편찬하고, 1800년에 양양부사로 승진했으나 이듬해 벼슬에서 물러났다. 순조 5년인 1805년 10월 20일에 69살의 나이로 세상을 떴다.

양반 세계를 꼬집은 양반의 글

열하일기

1780년(정조 4년)에 박지원의 팔촌형인 박명원이 청나라 고종의 칠순잔치를 축하하는 사신으로 갈 때, 함께 갔다 온 뒤에 쓴 26권 10책의 기행문이다. 박지원은 6월 24일 압록강 국경을 건너는 데에서부터 시작하여 요동, 성경, 산해관을 거쳐 북경에 도착하고, 열하로 갔다가 8월 20일에 다시 북경에 돌아오기까지 약 2개월 동안 겪은 일을 날짜 순서와 항목별로 적었다.

연암의 대표작인 이 책은 너무 일상적인 어투로 되어 있어서 당시 고지식한 학자들로부터 비난을 받기도 했고, 정조의 문체 반정 때 잘못된 글을 유행시킨 대표적인 책으로 지적되기도 했다. 그러나 중국의 신문물을 폭넓고 자세하게 그렸고, 중국의 실학사상을 소개하여 기행문 중에서도 최고의 작품으로 꼽혔다. 이 책에는 중국의 역사, 지리, 풍속, 토목, 건축, 선박, 의학, 인물, 정치, 경제, 사회, 문화, 종교, 문학, 예술, 지리, 천문, 병사 등의 내용이 담겨있다.

광문자전

《연암외집》〈방경각외전〉에 수록되어 있다. 뒷골목의 거지인 광문의 거짓 없는 인격을 그린 작품이다. 양반이나 서민이나 똑같은 인간이라는 것을 강조하고, 목적을 이루기 위해 수단과 방법을 가리지 않던 양반사회를 은근히 풍자했다.

광문은 청계천변에 움막을 짓고 사는 거지 우두머리였다. 어느 날 광문은 동료들이 모두 밥을 얻으러 간 사이에 병들어 누워 있는 거지 아이를 혼자서 간호하게 되었다. 그런데 그 아이가 죽자 동료들이 의심하게 되어 거기서 도망쳤다. 그러고는 다음 날 거지들이 버린 아이의 시체를 몰래 거두어 산에다 묻어 주었다. 우연히 이것을 본 어떤 부자가 그를 가륵하게 여겨 어느 약국에 소개했다. 점원이 된 그는 그곳에서 정직하고 욕심이 없는 원만한 인간성으로 많은 사람의 인정을 받게 됐다. 돈을 훔쳤다는 누명에도 태연하게 지냈고, 싸움하는 사람들을 재치로 웃게 하여 흩어지게 하고, 대가를 바라지 않고 남의 보증을 서주곤 했던 것이다.

허생전

《열하일기》 26권 중 제10권인 〈옥갑야화〉에 실려 있다. 양반인 허생이 장사를 하여 나라를 부유하게 하고 백성들을 잘 살게 해준다는 경제사상과 청나라의 문물을 받아들여야 한다는 북학파 사상이 잘 드러나고 있는 작품이다.

　허생은 10년을 정해놓고 남산골에서 공부를 하고 있었는데, 가난을 못 이긴 아내의 등쌀에 공부를 중단했다. 그는 장안 최대의 갑부인 변씨를 찾아가 10만 냥을 빌려 지방으로 내려갔다. 그는 한 가지 물건을 많이 사 놓았다가 값이 오르면 되파는 수법으로 돈을 많이 벌었다. 그는 가난하고 힘이 없는 사람들에게 돈을 주어 좋은 곳에 들어가 살게 했고, 다시 한양으로 돌아와 변씨에게 빌린 돈의 두 배인 20만 냥을 갚았다. 그 후 두 사람은 깊이 사귀는 사이가 되었다. 하루는 변씨가 이완이라는 정승을 허생에게 소개했다. 이완은 허생에게 나랏일을 도와달라고 청했으나, 오히려 망신만 당하고 돌아간다. 예전에 망한 명나라를 못 잊고 현재의 청나라를 오랑캐라고 업신여기는 양반들의 잘못에 대해 꾸지람만 받았던 것이다. 이완은 허생이 뛰어나다는 것을 알고 다시 찾아갔으나, 그는 이미 어디론가 사라지고 없었다.

예덕선생전

《연암외집》의 〈방경각외전〉에 실려있다. 박지원의 초기 작품으로 양반들의 허욕과 위선을 날카롭게 꼬집은 풍자 소설이다.

　학자로 이름난 선귤자와 똥을 치는 엄행수가 서로 친히 알고 지냈다. 이를 못마땅하게 여긴 제자가 그 까닭을 물었다. 선귤자는 이득을 보고 벗을 사귀면 오래 가지 못하며 마음과 덕으로써 사귀는 것이 도의인데, 엄행수는 천한 일을 싫어하지 않고 가난하면서도 원망하지 않아 군자답다고 했다. 엄행수의 하는 일은 더럽고 지저분한 것이었지만, 그가 져서 나르는 똥으로 밭에 거름을 주어 수많은 채소를 자라게 하니 지극히 향기로운 일이었다. 엄행수가 있는 곳은 더럽지만, 스스로 일을 해서 먹을 것을 구하고 꿋꿋하게 도리를 지키니 그를 보고 부끄러워하지 않을 사람이 몇이나 되겠는가. 그래서 엄행수를 예덕 선생이라 높여 불렀던 것이다.

일기는 나의 힘
이순신

"이얍!"

"으라차차!"

쩌렁쩌렁한 기합 소리가 마당을 뒤흔든다. 열 살에서 열다섯 살 정도 돼 보이는 대여섯 명의 아이들이 저마다 손에 목검을 쥐고 있다. 비록 나무칼을 쥐고 있으나, 눈빛이 예사롭지 않다. 날렵한 몸짓과 우렁찬 함성에서 씩씩함이 배어나온다.

1597년(선조 30년) 봄, 훈훈하고 부드러운 바람결에 꽃잎이 비처럼 흩날리는 날이다.

이런 아름다운 날, 한가로이 아이들의 무술 연습을 보는 나의 가슴은 메어지는 듯하다. 찬란한 슬픔이라고나 할까. 일본군이 쳐들어와 우리나라를 짓밟은 지 벌써 5년이나 되었다. 그러나 나는 올 초 나의 공로를 시샘하는 자들의 모함으로 수군통제사 자리에서 쫓겨났다. 벼슬에서 물러나서 슬픈 것이 아니라, 이 어려운 때에 나라를 위해 어떤 일도 할 수 없다는 것이 슬프다.

"할아버진 누구세요?"

정자에 앉아 훈련하는 것을 물끄러미 보고 있는 나를 발견한 아이들이 어느새 내 곁에 모여들었다.

"응? 나? 그냥 동네 할아버지지 뭐."

요 몇 년 동안 '장군님' 소리만 듣다가 '할아버지' 소리를 들으니 기분이 묘하다.

하긴 아이들이 쉰세 살 먹은 나를 평범한 동네 할아버지로 보는 것이 이상한 일도 아니지. 땀을 닦으며 물 한 바가지를 시원스레 떠먹는 아이들의 모습이 듬직하다.

"너희들은 왜 이 좋은 봄날에 다른 아이들처럼 산으로 들로 꽃구경 다니며 재미있게 놀지 않니?"

아무 것도 모르는 듯 시치미를 떼고 한마디 건네자, 아이들이 눈을 동그랗게 뜨고 한 목소리로 나를 비난한다.

"할아버지! 우리나라 분 맞으세요? 지금이 어느 땐데 놀러다녀요?"

"왜놈들이 우리나라를 쑥대밭으로 만들어 놓고 다니는 마당에 놀다니요?"

아이들의 마음을 넌지시 떠보려다 큰코다치게 생겼다. 그러나 아이들이 다소 거칠게 항의하는 모습을 보니 오히려 고맙고 기쁜 마음에 코끝이 찡하다. 바로 이런 아이들이 있기에 우리나라가 굳건하게 서 있는 게 아닌가.

"미안하구나. 이 늙은이가 그런 줄도 모르고……."

내가 사과하자 아이들이 오히려 멈칫한다. 하긴 나 같은 노인이 아이들에게 잘못을 인정한다는 것은 드문 일이기도 할 터이다. 그러나 공자님도 잘못했으면 고치는 것을 꺼리지 말라고 하시지 않았던가. 곧바로 아이들의 격한 마음이 가라앉는다. 머쓱해진 아이들이 머리를 긁적이며 낮은 목소리로 한마디씩 한다.

"아, 아니, 저희는 그런 뜻이 아니고……."

"왜놈들이 사람들을 막 죽이고 그러는데, 왜 놀지 않느냐고 하셔서 그만."

 잘못된 일을 보고 정의롭게 나서고, 자신의 감정을 조절하며, 다른 사람의 사과를 받아들일 줄 아는 아이들이 대견스럽다. 키는 작지만 날렵하게 생긴 아이가 발그레해진 얼굴로 나선다.

 "저희들은 왜놈들이 쳐들어온 뒤부터 우리 손으로 우리나라를 지키겠다는 결심을 했어요. 그래서 작년부터 매일 이렇게 모여서 무술 연습을 하고 있어요."

 "오호! 기특한 생각이로다. 그럼 서당에 다녀온 뒤에 너희들끼리 연습하는 거니?"

 이때 어깨가 제법 벌어진 아이가 이마의 땀을 훔치며 말한다.

 "에이, 부모님께서 가라고 하시니까 가지, 이런 어수선한 때에 서당은 왜 다니는지 모르겠어요."

 "쳇! 이런 때 책을 읽고 글을 써서 어디다 쓴다는 거죠?"

 "할아버지. 제 손에 박힌 이 굳은살 좀 보세요. 언제 공부할 틈이 있었겠어요?"

 가장 나이가 많아 보이는 아이가 자랑스럽게 손을 내보인다. 내가 지휘하던 병사들의 손을 보는 듯하다. 얼마나 훈련했기에 아이 손에 이런 굳은살이 생겼단 말인가. 우리의 미래를 아이의 손에서 본다.

 "손을 보니 네 애국심을 알 만하구나. 참으로 기특하다."

 듬직한 아이의 얼굴이 홍당무처럼 빨개졌다. 그처럼 맑은 마음을 가졌으니 이런 훈련을 힘들다 하지 않고 스스로 하는 거겠지. 그러나 글공부에 대해서는 아이들이 뭔가 크게 잘못 생각하고 있다. 내가 깨우쳐주리라.

"너희들의 마음은 상을 받아 마땅하다. 그러나 너희들이 잊고 있는 게 하나 있구나."

아이들이 서로의 얼굴을 쳐다보며 의아해한다.

"나라를 지키는 장수가 되기 위해서는 우선 육체를 단련해야 하지. 그러나 정신과 마음을 단련하지 않고는 훌륭한 장수가 될 수 없어."

"장수는 힘이 세고, 칼싸움만 잘하면 되는 거 아닌가요?"

"힘세고 칼싸움 잘하는 건 뒷골목의 무사들도 잘하는 일이거든."

아이들이 뭔가 묵직한 것으로 뒤통수를 얻어맞은 듯 눈만 끔뻑이고 있다. 이때 피부가 유난히 까무잡잡한 아이가 나서며 묻는다.

"장수와 뒷골목 무사의 차이가 뭔가요?"

"장수는 머리와 마음과 몸을 모두 단련한 진정한 지도자야. 다시 말해 슬기롭게 머리를 쓰고, 백성과 부하를 먼저 생각하며, 몸을 던져 나라를 지키는 사람이지. 그러나 뒷골목 무사는 자신의 힘만 믿고 자신의 이득만을 위해 거들먹거리는 사람이야."

"진정한 장수가 되기 위해서는 글공부, 마음공부, 무술 훈련을 다 잘해야 한다는 말씀인가요?"

"옳거니. 내 말을 단번에 알아듣는 걸 보니 아주 똘똘한 아이로구나."

장수 군사를 거느리는 우두머리.
무사 무예를 익히어 그 방면에 종사하는 사람.

내 칭찬에 부끄러운 듯이 고개를 잔뜩 숙이고 활짝 웃는 모습이 보기 좋다. 그러자 옆에 있던 키가 큰 아이가 나도 질 수 없다는 듯 한 마디 거든다.

"그러니까 글공부를 해야 머리를 써서 전쟁을 하고, 마음공부를 해야 다른 사람들을 위해 힘을 쓸 수 있다는 말씀이네요."

"오호! 어쩌면 내가 할 말을 네가 다하느냐? 명석하기 짝이 없구나."

아이들이 고개를 끄덕이며 웅성거린다. 그 순간 나이가 좀 든 아이가 뭔가 이상하다는 듯이 불쑥 묻는다.

"그런데 할아버지는 누구신데 그런 걸 다 아세요? 혹시 장수 중에 누구 아는 분이라도 있으세요?"

"아까 말했잖니? 그냥 동네 할아버지라고. 껄껄."

이때 말달려오는 소리가 요란하게 들린다. 어느새 힘찬 콧김을 숙숙 뿜어내는 말이 눈앞에 와 있다. 급히 말에서 내려 무릎을 꿇는 이를 보니 눈이 번쩍 뜨인다. 바로 전쟁터에서 나를 보좌하던 송희립 군관이다.

"장군님! 기뻐하십시오. 장군님의 누명이 벗겨져서 죄를 사한다는 사면령이 내려왔습니다요."

"그래? 그거 참 다행이로군."

"장군님, 그간 얼마나 마음고생이 크셨습니까요? 흑흑."

송희립 조선 선조 때의 무신. 이순신 밑에서 종군하였으며, 뒤에 전라좌도 수군절도사를 지냈다.

"이 기쁜 날 어이 눈물을 흘린단 말인가? 송 군관, 이제 이 무명옷을 입고라도 다시 거북선을 타고 나가 왜놈들을 모조리 무찔러야지."

거북선 임진왜란 무렵에 이순신이 만든 세계 최초의 철갑선. 거북모양의 등 위에는 창검과 송곳을 꽂아 적이 오르지 못하게 하였고, 사방에는 화포를 설치했다.

"아직 수군통제사 자리로 돌아가시지는 못하지만, 언제든 명령만 내리십시오. 못된 왜놈들을 맨손으로라도 때려눕히겠습니다요. 어흥!"

 나와 송 군관의 대화를 듣던 아이들이 모두 입을 벌린 채 나를 우러러 본다. 한참 멍하니 바라만 보던 아이들 중 통통한 아이가 간신히 입을 뗀다.

"하, 할아버지가 자, 장군님이세요?"

"오냐. 내가 장군이다."

"거, 거, 거북선을 타고 다니세요?"

"암. 내가 만든 배니까."

"그럼, 할아버지가 그 유명하신 이순신 장군님?"

"그렇단다. 어험!"

순간 나를 둘러싼 아이들의 우렁찬 환호성이 함포처럼 터진다.

"우아! 어쩐지. 내 그럴 줄 알았다니까. 헤헤."

"쳇! 할아버지, 아니 장군님께 우리나라 분이 맞냐고 성을 낼 땐 언제고? 깔깔."

"유명한 장군님을 이렇게 가까이 뵙게 돼서 영광이에요. 히히."

한참 동안 얼싸안고 뛰고 웃고 하던 아이들의 소란이 다소 가라앉는다. 통통한 아이가 흥분하여 상기된 얼굴로 나선다.

"솔직히 저는 장군님처럼 훌륭한 장수가 되고 싶어요. 그런데 글공부는 왜 해야 하는지 아직 잘 모르겠어요."

"그럼 내가 글공부를 했기 때문에 왜적을 물리쳤던 얘기를 하나 해줄까?"

아이들이 귀를 쫑긋 세우고 내 곁으로 다가선다.

"왜놈들과 한창 싸우던 어느 날이었어. 우리의 거북선과 이층으로 된 판옥선이 일본의 전함이 오가는 길목을 지키며 서있었지. 그런데

판옥선 조선 시대에 널빤지로 지붕을 덮은 전투선. 명종 때에 개발한 것으로 임진왜란 때 크게 활약했다.
전함 전쟁할 때 쓰는 배.

바로 옆 산에서 도끼로 나무를 찍는 소리가 '쿵쿵' 하며 울려 퍼지는 게 아니겠니? 그날따라 바다의 물결도 유난히 잠잠하고."

"그런데요?"

"그때 불현듯이 '나무 베는 소리 쩌렁쩌렁하여 산은 더욱 그윽하고 / 악독한 용이 숨어있는 곳은 물이 맑고 잠잠하도다.' 라는 시가 생각났어."

"그게 무슨 뜻이죠?"

어깨가 벌어진 아이가 궁금해 못 견디겠다는 낯빛으로 급하게 묻는다.

"이상할 정도로 시끄럽거나 고요하면 오히려 다시 한 번 의심하고 살펴야 한다는 말이지."

"그래서요?"

"난 이상한 생각이 들어 부하들을 시켜서 긴 창으로 우리 전함의 옆과 밑을 찌르라고 명령했지. 그랬더니 아닌 게 아니라 바로 피가 솟구쳐 오르더구나. 왜놈들이 잠수해서 나무 찍는 소리에 맞추어 우리 전함을 뚫고 있었던 거야. 마침내 전함 밑에서 구멍을 내던 놈들과 산에서 나무 베는 놈들을 모조리 잡아서 우린 죽을 위기에서 벗어날 수 있었지."

"우아, 만세! 이순신 장군님 만세!"

아이들의 일제히 두 손을 들며 소리친다. 곁에서 얘기를 듣던 송희립 군관도 그때의 일을 떠올리며 활짝 웃으며 말한다.

"정말 그때 장군님의 지혜가 아니었다면, 우린 모두 물고기 밥이 될 뻔했죠. 하하하."

이때 키 작은 아이가 나선다.

"그럼 장군님은 어려서 시를 많이 배우셨어요?"

"시는 잘 모르지만, 어려서부터 매일 활쏘기와 말타기를 하듯이 글공부를 했지."

내가 겸손의 말을 하자, 송 군관이 정색을 하며 나서서 거든다.

"우리 장군님은 지금도 시를 많이 지으세요. 그 유명한 한산섬 시조도 지으신 걸요."

그러자 아이들이 웅성거리기 시작한다.

"그게 뭔데요?"

"야, 그 시조 있잖냐? 한산도 달 밝은데……."

"아우, 그게 아냐. '한산섬 달 밝은 밤에 수루에 혼자 앉아 / 큰 칼 옆에 차고 깊은 시름 하는 차에 / 어디서 일성호가는 남의 애를 끊나니' 지. 험험."

"우아! 그게 장군님께서 지으신 시야?"

놀라운 일이다. 아이들이 내 시조를 알고 있다니. 나보다 더 으쓱해진 송 군관이 다시 나선다.

"그 뿐인 줄 알아요? 우리 장군님은 전쟁터에서도 매일 일기를 쓰세요."

그러자 아이들이 모두 기절할 듯이 놀라 소리친다.

"네에? 전쟁 중에도 일기를 쓰신다고요?"

"마, 말도 안 돼. 왜적을 무찌르시느라 힘들고 피곤한데, 어느 틈에 일기를 쓸 수 있겠어요? 난 편안한 집에서도 안 쓰는데."

"우리에게 글공부 열심히 하라고 그냥 하시는 말씀이죠? 헤헤."

송 군관 때문에 글 쓰는 얘기가 나왔으니 더 이상 숨길 게 없겠다. 어차피 무술을 익혀 장수가 되고자 하는 아이들에게 글공부의 중요성을 얘기하는 자리 아닌가.

"난 아무리 힘들고 바쁜 날이라도 일기를 썼어. 단 몇 줄이라도 그날의 일을 기록하여 나를 돌아보는 시간을 가졌지.

"그럼 일기는 시랑 어떻게 달라요?"

"한시나 시조 같은 글은 내 마음을 세상에 내보이는 것이지만, 일기는 내 마음속으로 들어가 나 자신을 갈고 닦는 글이야. 오늘의 잘잘못을 꼼꼼히 따져 내일을 준비하는 것이지. 오늘 전투에서 승리하고 패배한 까닭이 어디 있는지, 지휘관으로서 할 일을 다 했는지, 그리고 사람으로서 제대로 살았는지를 돌이켜 보는 거야. 말하자면 지나간 시간으로 돌아가 다시 한 번 그 시간에 일어났던 일을 경험한다고나 할까. 그러니까 일기는 매일 쓰는 게 좋지."

"……."

"그리고 가슴이 답답하고 화나고 슬픈 일이 있을 때, 또 남에게 쉽게 할 수 없는 말이 있을 때, 일기는 좋은 친구가 되지. 그래서 일기를 쓸 땐, 자기의 속마음을 솔직하게 털어놓는 게 중요해. 그래야 부글부글 끓어오르던 마음도 편해지고, 날카로웠던 정신도 안정을 되찾게 되거든."

연둣빛 새순이 돋는 크고 풍성한 느티나무 주변에 둘러앉은 아이들이 차분하게 고개를 끄덕인다. 피부가 까무잡잡한 아이가 문득 생각났다는 듯이 묻는다.

"그럼 장군님께서 여러 전투에서 크게 이기실 때의 일들도 기록돼 있겠네요?"

"암. 생생하게 써놓았지."

"지금도 그 일기를 갖고 계세요?"

"아무렴. 보여줄까?"

일기는 나만의 글이다. 그러나 전쟁 일기는 나뿐만 아니라, 이 땅의 모든 사람들과 내 후손들이 보고 느끼고 깨우쳐야 할 글이다. 나라를 위하는 마음, 전쟁의 비참함, 지도자의 외로움, 한 인간의 기쁨과 슬픔이 담긴 글이니까.

아이들과 함께 집에 돌아와 보자기에 소중히 싸두던 일기장을 꺼낸다. 5년 전 임진왜란이 터지던 해의 피비린내 나는 치열한 전투상황이 눈앞에 스쳐 지나간다.

임진년 5월 29일 무술.

우수사가 오지 않으므로 나 홀로 여러 장수들을 거느리고 새벽에 떠나 곧장 노량에 이르렀다. 경상우수사 원균은 미리 만나기로 약속한 곳에 와서 함께 의논했다. 왜적이 배를 대고 있는 곳을 물었더니 "왜적들이 지금 사천선창에 있다."고 한다. 곧바로 그곳에 가보았더니 왜적들은 이미 뭍으로 올라가서 산봉우리 위에 진을 치고, 배는 그 산봉우리 밑에 줄지어 매놓았다. 그런데 우리에게 대항하는 태세가 재빠르고 단단했다.

나는 여러 장수들을 감독하고 격려하였다. 일제히 달려들며 화살을 비 퍼붓듯이 쏘고, 각종 총통을 바람과 우레와 같이 어지러이 쏘아대자 적들이 무서워하며 물러났다. 화살에 맞은 자가 몇 백 명인지 알 수 없고, 왜적의 머리도 많이 베었다.

나대용 군관이 탄환에 맞았다. 나도 왼쪽 어깨 위에 탄환을 맞아 등을 꿰뚫었으나 중상은 아니었다. 활을 쏘는 병사들과 노를 젓는 병사들 중에서 탄환을 맞은 사람들이 또한 많았다. 적의 전함 13척을 불태우고 물러나왔다.

"우와! 왜놈들을 모조리 무찌르신 거예요?"
"야! 적의 배를 13척이나 침몰시켰다고 써 있잖냐."
"왜적 몇 백 명을 거꾸러뜨렸다니 역시 장군님이시다."
"아휴! 탄환에 맞으셨을 때 아프지 않으셨어요? 나 같으면 막 울었을 텐데."

승리의 기록을 보며 아이들이 저마다 한마디씩 하며 감탄한다.
"이게 바로 일기의 힘이지. 오 년이나 지난 일이지만, 마치 전쟁의 한가운데에 서서 생생하게 그 현장을 보는 것 같지 않니?"

이때 나이든 아이가 주먹을 불끈 쥐며 나선다.
"저도 장군님처럼 멋진 장수가 되어 나라를 지키겠습니다."
"훌륭한 생각이구나. 용기 있는 장수가 되기 위해서는 육체를 단련하고 무술을 익혀야 하며, 덕 있는 장수가 되기 위해서는 마음공부를 해야 한다. 그리고 지혜로운 장수가 되기 위해서는 글공부를 해야 한다는 사실을 한시도 잊지 말아야 한다."
"전 용기 있는 장수가 되고 싶어요."
"그럼 글공부는 안 하겠다? 허허허."
"그런 건 아니지만. 헤헤."

머리를 긁적이는 모습이 보기 좋다. 때묻지 않은 저런 순박함이 나라를 지키는 원동력이 아닌가.

"전투에서 이기기 위해서는 머리를 써야 해. 무작정 힘으로 밀어붙여서 되는 일이 아니거든. 상대를 물리치는 작전을 짜기 위해서는 글공부로 다져진 명석한 머리가 필요해. 또한 훌륭한 장수라면 전투 경험을 기록해서 나중에 되돌아 볼 수 있는 자료를 만들어 놔야 하고. 그래서 일기가 필요한 거야."

어깨가 벌어진 아이가 무언가 깨달았다는 듯이 눈을 반짝이며 말한다.

"우리가 서당에서 역사를 공부하는 이유와 마찬가지로요?"

"그럼. 과거를 알면 오늘을 더욱 잘 살 수 있는 법이지. 일기는 바로 자신의 역사책인 셈이야."

아이들이 저마다 고개를 끄덕인다. 잠시 후 키가 큰 아이가 나서며 질문을 던진다.

"그럼 장군님은 오 년이 지난 이 일기를 보면서 지금 어떤 생각을 하세요?"

심장이 멎는 듯하다. 그동안 나는 나의 전투하는 자세와 기법에 대해 임금님과 정승판서들로부터 수없이 질문을 받아왔다. 그러나 오늘처럼 내 가슴에 파고들지는 않았다. 오늘은 내 자신이 기록한 글로 나를 판단하는 자리가 되었기 때문이다. 갑자기 죄인이 된 듯이 온몸이 죄책감으로 옥죄여든다. 진땀이 난다.

"사실 이날 전투는 누가 봐도 아군의 대승리였어. 그러나 나를 포함하여 수많은 병사들이 죽거나 다쳤지. 내가 좀 더 시간을 갖고 치밀한 작전을 세운 뒤에 적들을 공격했다면 우리 편의 희생을 줄였을 거야. 이날의 일기를 볼 때마다 다음부턴 그런 실수를 되풀이하지 않겠다고 다짐하곤 하지."

아이들이 내 말을 가슴으로 느끼는 듯하다.

"장군님 같이 훌륭한 분도 자신을 꾸짖고 반성하시는 줄은 꿈에도 몰랐어요. 저희들만 그런 줄 알았거든요."

"자신의 잘못을 깨닫고 고치려 한다면, 누구나 훌륭한 사람이 될 수 있지. 자기를 되돌아볼 수 있는 일기를 매일 쓰면 도움이 될 거야."

"알겠습니다. 장군님!"

따스한 봄날, 마당에서 아지랑이가 피어오른다. 꽃망울을 터트린

정승판서 영의정, 좌의정, 우의정과 육조의 으뜸 벼슬에 있는 관리.

노란 개나리 사이로 호랑나비 두 마리가 숨바꼭질한다. 이런 평화로움을 언제까지 앉아서 누릴 것인가. 투구와 갑옷과 장군 칭호가 없으면 어떤가. 지금 바로 전쟁터로 나가야겠다. 백의종군이다.

백의종군 벼슬 없이 군대를 따라 싸움터로 감.

이순신
지나간 자신을 되돌아보다

　충무공 이순신은 1545년 4월 28일 한양의 건천동(지금의 중구 인현동)에서 아버지 이정과 어머니 초계 변씨의 셋째 아들로 태어났다. 할아버지 이백록이 기묘사화 때 큰 어려움을 겪었고, 아버지가 벼슬을 하지 않아 가난하게 지냈다. 결국 이순신이 8살 때 어머니의 고향인 충청도 아산군 백암리(지금 현충사가 있는 마을)로 이사하여 어린 시절을 보냈다.

　이순신은 방진의 딸과 21살에 결혼하여 3남 1녀를 두었다. 어려서부터 학문에 힘을 쏟던 이순신은 22살 때부터 본격적으로 무술을 익히기 시작했다. 28살 되던 해에 별과무과 시험에 응시했으나, 말에서 떨어져 낙방하고 말았다. 그때 마당가에 있는 버들가지로 부러진 다리를 싸매고 나와 시험관들을 놀라게 했다. 이순신은 결국 4년이 지난 32살에 삼 년마다 무관을 뽑는 식년무과 시험에 다시 도전해 합격했다.

　33살에 함경도 동구비보의 군관으로 첫 벼슬에 나가 국경지대의 경비를 했으며, 그 뒤 훈련원 봉사, 충청도 병마절도사의 군관, 전라도 발포의 수군만호, 함경도 조산보의 만호, 녹둔도 둔전관을 했다. 그때 이일의 모함으로 벼슬에서 쫓겨나 민간인 신분으로 전쟁에 참여했다. 그 뒤 전라도 순찰사인 이광의 군관이 되고, 전라도 정읍 현감, 고사리진 병마첨절제사, 진도 군수, 가리포진 수군첨절제사가 됐다. 이순신은 충실하게 근무했으나 권력 있는 사람들을 만나거나 상관에 아부할 줄 모르는 강직한 성품 때문에 승진이 되지 않았다. 그런 그를 잘 아는 어릴 적 친구인 유성룡의 강력한 추천으로 임진왜란이 일어날 무렵에 전라좌도 수군절제사가 됐다. 이순신은 병사들을 강하게 훈련시켰으며, 임진왜란이 터지기 이틀 전에 세계 최초의 철갑선인 거북선을 완성했다.

1592년 옥포해전에서 왜선 30여 척을 격파하는 첫 승리를 거두고, 사천에서 거북선을 이용해 왜선 13척을 격파했으며, 이어 당포해전에서도 왜선 20여척을 격파하여 장헌대부가 됐다. 그해 7월 고성 견내량에 나가 왜선을 한산도로 유인하여 70여 척을 격파하는 큰 승리를 거두어 정헌대부에 올랐다. 그 뒤 안골포에서 왜선 42척을 격파하고, 9월에는 부산에서 왜선 100여 척을 격파했다. 1593년에 삼도 수군통제사가 됐다.

이순신은 1597년 1월에 원균과의 갈등으로 옥에 갇혔다 나왔으며, 4월에 사면령을 받아 권율 장군 밑에서 백의종군했다. 그 뒤 삼도 수군통제사에 다시 올라 명량해전에서 12척의 배로 왜선 130여척을 전멸시켰다. 1598년 11월 19일 노량 앞바다에서 도망가던 왜선을 쫓던 중 적의 탄환에 맞고 장렬하게 숨졌다. 23번의 해전을 모두 승리로 이끌면서 나라와 백성을 지켜내 선조 때인 1604년에 선무일등공신, 풍덕부원군, 좌의정 벼슬이 내려졌고, 충무공의 시호를 받았다. 또한 광해군 때인 1613년에는 영의정 벼슬이 내려졌고, 나라에서 충열사, 충민사, 현충사에 제사드렸다. 영조 때인 1753에는 신도비를 세웠으며, 정조 때인 1795년에는 《이충무공전서》라는 문집이 간행됐다.

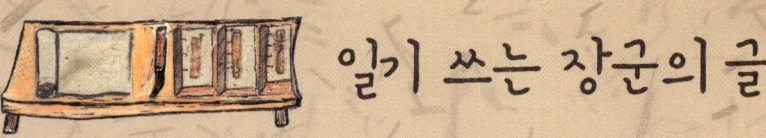

일기 쓰는 장군의 글

난중일기

이순신이 임진왜란이 일어난 해인 1592년 1월 1일부터 시작하여 노량해전에서 전사하기 전인 1598년 11월 17일까지 7년간의 일을 기록한 일기이다. 이 책은 이순신이 전쟁터에서 직접 쓴 것으로 7책 205장이 전해지며, 국보 제 76호로 지정되어 충남 아산 현충사에 보관되어 있다. 이 글은 이순신의 문집인 《이충무공전서》에도 실려있다. 책 제목은 이순신이 전사한 뒤에 붙여졌다.

《난중일기》에는 이순신의 개인적인 전쟁 체험과 감정뿐만 아니라, 임진왜란 전 나라의 상황과 거북선의 제작과정, 그리고 전쟁 당시의 전투상황 등이 담겨있다. 이 일기를 통해 이순신이 전라좌수사로 부임하여 임진왜란이 터지기 전까지 전쟁 준비에 충실했다는 것을 알 수 있다. 또한 제삿날에도 업무를 보았으며, 진지와 병사 관리에 소홀한 부하군관들을 꾸짖고 처벌했던 엄한 면도 엿볼 수 있다. 이외에도 가족과 친지들과 관련한 개인적인 일들이 자세하게 쓰여 있으며, 관리들의 인사 조치와 정치 군사에 관한 편지들도 실려 있다.

이충무공전서

이순신의 글을 모아 정조 19년인 1795년에 발간된 14권 8책의 서적이다. 정조의 명에 따라 1793년부터 3년에 걸쳐 이순신의 옛날 행적 및 글들을 모아서 규장각의 윤행임이 편찬하고, 예문관의 검서관인 유득공이 교정을 맡아 교서관에서 발간됐다.

이 책은 원집 8권과 부록 6권으로 되어 있는데, 책머리에는 정조가 직접 지은 신도비명을 판각했고, 이어 총목차를 적었으며, 각권마다 개별 목차가 적혀 있다. 맨 앞에는 임진왜란 때의 가르침, 전사한 후에 내려진 역대의 제문, 깃발과 나팔, 거북선 등의 그림과 설명문, 이순신의 족보와 연표 등이 수록돼 있다. 제1권에는 이순신의 시와 잡저, 제2권~제4권까지는 이순신이 왕께 올리는 장계, 제5권~제8권까지는 이순신이 쓴 난중일기, 제9권~제12권까지는 부록으로 조카인 이분이 쓴 행록과 이순신의 비문, 기문, 제문, 송명 등이 실려 있으며, 제13권~제14권까지는 다른 책에 실려 있는 이순신에 관한 기록을 뽑아 모았다. 그리고 책 끝에는 간행문이 실려 있다.

이순신 장군이 쓴 한시

한산도 야음 (한산도에서 밤에 읊다)
물나라에 가을빛 저물어가니
찬바람에 놀란 기러기 떼 높이 나는구나.
근심이 가득해 잠 못 이루는 이 밤
새벽달이 창에 떠 활과 칼을 비추네.

진중음 1 (전쟁터에서 읊다)
임금님의 수레는 서쪽으로 멀어져가고
왕자님은 북쪽에서 위태롭다.
외로운 신하는 나라를 걱정할 날이요
장수들은 공로를 세울 때로다.
바다에 맹세하니 용이 감동하고
산에 맹세하니 초목이 아는구나.
이 원수 모조리 무찌른다면
내 한 몸 이제 죽을지라도 사양치 않으리.

진중음 2 (전쟁터에서 읊다)
삼백 년 누려 온 이 나라가
하루 저녁 급해질 줄 어찌 알았겠는가.
배에 올라 돛대 치며 맹세하던 날
칼을 뽑아 천산 위에 우뚝 섰네.
왜놈들의 운명이 어찌 오래 가겠느냐
적군의 정세도 짐작하는구나.
슬프도다! 시 구절을 읊어 보는 것
글을 즐겨서 하는 것이 아니라네.

서사시로 낙원을 그린 맹인
밀턴

"어 어, 피하세요!"

"윽, 아이쿠!"

퍽 소리와 함께 꽈당 넘어지고 만다. 무슨 일이 벌어진 것인지 알 길이 없다. 머리가 어찔하고 등이 아플 뿐이다.

서너 명의 아이들 목소리가 들린다.

"할아버지, 괜찮으세요?"

"죄송합니다. 공놀이를 하다가 그만……."

"공이 날아가는데, 왜 피하지 않으셨어요?"

이제야 알겠다. 내가 아이들이 찬 공에 맞아 쓰러진 게로구나. 지팡이를 찾으려 더듬거리자, 아이들이 비로소 내가 앞을 못 본다는 걸 안 듯하다.

"아휴, 앞을 못 보셔서 그랬구나. 용서해주세요."

아이들의 손을 잡고 일어나니 다리가 풀린다. 예순세 살이나 먹었으니 조금만 충격을 받아도 이 모양이다.

"용서는 무슨 용서. 어디 벤치에 좀 앉아 쉬면 금방 나아질 게야. 날 좀 부축해주겠니?"

이때 내 귀여운 막내딸 데보라가 헐레벌떡 달려와 호들갑을 떤다.

"어머머. 이게 어떻게 된 일이에요?"

"미안해, 누나. 우리가 실수로……."

내가 나서야지 안 되겠다. 올해 스무 살이 된 새침한 데보라가 아이들에게 톡 쏘아붙이기 전에 말이다.

"데보라야. 난 괜찮아. 일이 이렇게 된 김에 어디 앉아 이 아이들하고 얘기나 하면 좋겠구나. 안그래도 심심했는데……"

1672년, 안개도 구름도 없는 듯한 화창한 가을날이다. 난 언제나 그렇듯이 오늘 오후에도 산책을 나오는 길이었다. 런던 변두리의 번힐 필즈에 있는 우리 집 근처의 공원에 가는 중이었다. 때마침 데보라가 물을 떠오겠다고 잠시 자리를 비운 사이에 봉변을 당했던 것이다.

솔솔 부는 가을바람이 청량하다. 어깨 위로 톡 하고 떨어지는 나뭇잎의 감촉도 부드럽다. 무엇보다도 코끝에 스치는 향긋한 가을 냄새가 더없이 좋다. 또 낭랑하게 울려 퍼지는 새소리와 명랑한 아이들의 재잘거리는 소리는 어떻고.

목소리가 가늘고 말이 빠른 폴, 다소 굵은 목소리로 느리게 말하는 잭, 그리고 낭랑하게 울리는 목청을 가진 톰. 같은 초등학교에 다니는 친구들이란다. 화가 풀린 데보라가 나와 단둘이 먹으려고 준비한 간식을 내놓는다.

"누나, 이 빵 정말 맛있어요. 쩝쩝."

"이렇게 맛있는 비스킷은 처음 먹어보는 것 같아요."

"우아! 무슨 토마토가 이렇게 다냐?"

풀이 죽어있던 아이들이 언제 그랬냐는 듯이 금세 유쾌해진다. 빵을 잔뜩 베어 문 폴이 우물우물하며 묻는다.

"할아버진 태어날 때부터 앞을 못 보셨어요?"

폴의 말이 끝나기 무섭게 잭과 톰이 핀잔을 준다.

"야! 그런 걸 여쭤보면 어떻게 하냐?"

"아우! 너 어디 가서 우리 친구라고 하지 마. 창피해서."

장애인인 나를 배려해주는 것은 고마운 일이다. 그러나 그런 마음 때문에 친구를 타박하는 것은 바람직하지 않다.

"애들아. 그만두렴. 누구나 궁금해 하는 걸 물어봤을 뿐인데 뭘. 난 원래 두 눈이 잘 보였는데, 이십 년 전부터 못 보게 됐단다."

"왜 갑자기 그렇게 되셨어요? 사고가 났나요?"

비스킷을 맛나게 먹던 톰이 걱정스런 투로 입을 연다. 착하고 여린 마음을 가진 아이인 듯하다.

"눈을 혹독하게 사용해서 그랬지 뭐. 책을 너무 많이 보고, 또 너무 많은 글을 써서……."

"무슨 책을요? 혹시, 만화책 보다 그러신 거 아녜요? 저도 만화책을 보다 눈이 나빠졌는데. 헤헤."

또 폴이 나선다. 명랑하고 순박한 심성을 지닌 아이임에 틀림없다. 솔직한 아이에게 솔직하게 답해주는 것이 좋으리라.

"난 어려서부터 지나치게 열심히 공부를 했어. 열두 살 때부터는 자정 전에 잠자리에 들지 않았거든."

"우와! 어떻게 그럴 수 있죠? 전 밤 아홉 시만 되면 몸이 막 꼬이고, 눈이 감겨서 책을 볼 수 없는데요."

"난 세상의 모든 걸 다 알고 싶어 했단다. 그래서 영어는 물론이고 라틴어, 히브리어, 그리스어, 이탈리아어를 배우느라 잠잘 틈이 없었어."

잠자코 있던 잭이 놀라며 묻는다.

"그럼 그 많은 외국어들을 배워서 어디에 쓰셨어요?"

"우선 《성서》를 읽었지. 히브리어로 쓰인 《구약성서》 서른아홉 권과 그리스어로 쓰인 《신약성서》 스물일곱 권을 모두 읽었단다. 그리고 라틴어로 쓰인 《성서》도 읽었고. 말하자면 영어로 번역되기 전의 원전을 읽은 셈이지."

톰이 이상하다는 듯이 묻는다.

"영어로 된 《성서》만 읽어도 되지 않나요?"

"물론 그렇지. 그러나 난 원래 저자들이 《성서》를 쓰면서 느꼈던 감정과 숨결을 고스란히 맛보고 싶었어. 다른 사람의 입김이 들어가 있지 않은 생생한 느낌을……."

아이들이 갑자기 조용해진다. 아마 내 말을 되새기는 듯하다.

"내가 세인트 폴 학교에 다니던 때였어. 열여섯 살 됐을 땐데, 난 히브리어로 쓰인 〈시편 114장〉과 〈시편 136장〉을 영어로 번역했어."

잭이 간식을 다 먹었는지 손을 톡톡 털면서 묻는다.

"영어로 번역된 게 있었을 텐데, 왜 다시 번역하셨어요?"

"난 시가 쓰고 싶었거든. 특히 줄거리가 있는 웅장하고 엄숙한 서사시를 말이야. 예를 들면 그리스 군대가 트로이를 공격하는 마지막 오십 일 동안의 사건들을 노래한 《일리아스》나 트로이 전쟁 후 오디세우스가 바다에서 표류하는 모험을 노래한 《오디세이아》 같은 영웅 서사시를 쓰고 싶었어. 말하자면 호메로스 같은 시인이 되고 싶었단다."

"그런데 왜 〈시편〉을 번역했죠? 그냥 서사시를 쓰면 되지 않나요?"

"난 그 시들을 번역하면서 시 쓰는 기법을 배우려고 했어. 나만의 시를 쓰기 위해서는 우선 언어를 다루는 능력이 있어야 하니까 말이야. 그리곤 그해에 처음으로 라틴어 시를 네 편 썼지."

이번엔 폴이 제법 의젓하게 묻는다.

트로이 에게 해에서 6킬로미터 정도 떨어진 히살리크 언덕에 있던 고대 도시. 호메로스가 쓴 서사시의 무대로 널리 알려졌다.
호메로스 고대 그리스의 시인. 유럽의 가장 오래된 서사시인 〈일리아스〉와 〈오디세이아〉의 작가로 알려져 있다.

"그럼 할아버진 어릴 때부터 작가가 되려고 하셨어요?"

"아니. 난 열일곱 살 때 성직자가 되기 위해서 케임브리지 대학교 신학부에 입학했어. 그런데 학교 분위기가 잘 맞지 않더라고."

"그래서요?"

"성직자의 길을 포기하고 작가가 되기로 결심했지. 물론 학교는 계속 다녔고. 그리고 1629년 크리스마스 때 《그리스도 탄생의 아침에》라는 송시를 썼어. 그전에도 시를 몇 편 썼지만, 이 시로 내 이름이 세상에 알려지게 됐지."

"와, 그럼 이제 시인이 되신 거네요."

"그런 셈이지. 허허."

목소리가 굵은 잭이 나선다.

"그럼 할아버진 평생 시만 쓰며 사셨어요?"

"그렇지 않단다. 영국은 1649년에 왕이 나라를 다스리는 왕정에서 여러 사람이 나라를 다스리는 공화정으로 넘어갔어. 난 그때 영국이 자유국가가 되길 꿈꿨지. 그래서 그때부터 1660년까지 외국어 장관으로 일했어."

"우아, 높은 분이셨네요. 그럼 편하셨겠다."

"웬걸. 그때 영국 공화국은 찰스 1세 국왕을 처형했어. 그러자 프랑스로 달아난 찰스 2세가 클라우디우스 살마시우스에게 찰스 1세를 두둔하는 글을 써달라고 부탁했지. 《찰스 1세를 위한 당당한 변호》라는 글을."

"왕이 억울하게 죽었다는 걸 알리려고요?"

"그렇지. 그러자 영국 공화국은 나에게 그 글에 맞서서 공격하는 글을 쓰라고 했어. 난 《영국민을 위한 변호》라는 글을 자그마치 일 년 동안이나 준비해서 썼어. 난 그 글에서 정치적인 자유가 있어야 진정한 국가가 된다고 주장했지."

톰이 궁금해 못 견디겠다는 투로 다급하게 끼어든다.

"그래서 어떻게 됐나요?"

"잘잘못은 국민들이 따져보는 것이지. 그러나 난 그 글을 써서 인간의 자유를 옹호하는 대변자이자 자유 투사라는 명성을 얻었단다."

"너무 잘 됐네요. 좋으셨겠다. 그죠?"

"밝은 것이 있으면 어두운 것도 있게 마련이지. 난 장관을 맡던 1649년에 이미 왼쪽 눈으로 보지 못했어. 그리고 삼 년 뒤에는 두 눈 모두 멀고 말았지. 《영국민을 위한 변호》를 쓰느라 과로를 했기 때문이야."

이때 있는 듯 없는 듯 이야기를 듣고 있던 데보라가 내 말을 거들고 나선다.

"난 아버지가 세상을 볼 수 없게 된 바로 그해에 태어났대. 어머니 메리 포웰은 날 낳은 지 삼 일만에 돌아가셨고, 한 달 뒤에는 오빠인 존도 세상을 떴대. 나와 앤과 메리 언니만 남았지."

"우린 누나가 옷을 멋지게 입고, 맛난 음식을 싸갖고 온 걸 보고 행복하기만 한 줄 알았는데……."

"우리 아버진 우릴 혼자 키울 수 없어서 사년 뒤에 캐더린 우드콕이라는 분과 재혼하셨대. 그런데 그분이 낳은 딸 캐더린이 여섯 달만에 죽고, 1658년에는 그분마저 세상을 떠났어."

"……."

"그뿐만이 아니야. 1660년 5월에는 찰스 2세가 다시 왕정을 세웠거든."

"그럼 안 되는 거 아냐? 할아버지 편 사람들이 찰스 1세를 처형시켰다며?"

"응. 그때 많은 사람들이 붙들려 처형당했는데, 아버진 다행히 한 달 동안 감옥에 있다 풀려났대. 그리고 《영국민을 위한 변호》나 《우상타파론》 같은 아버지 글들은 모두 불태워지고."

데보라가 그동안 말은 하지 않았지만, 내 걱정을 무척이나 했던 모양이다. 하긴 어미 얼굴 한 번 못보고 자라면서 이 눈먼 아비 시중을 들었으니 얼마나 속상했을까.

톰이 걱정스럽게 묻는다.

"그럼 그때부터 글을 쓰지 못하셨겠네요?"

"아니. 내 꿈은 그때부터 이루어지기 시작했어. 서사시를 쓰겠다는 어릴 적 꿈 말이야."

"어떻게요?"

"내가 시를 말로 읊으면, 우리 딸들이나 일 해주는 사람들이 받아 적었지. 그래서 나온 첫 서사시가 1667년에 출판된 《실낙원》이야. 난 이 책을 오 년 동안이나 구상하고 구술했어. 다 쓴 다음에는 그걸 친구들에게 보여주고 비평을 들으며 고쳤지. 내 모든 힘을 다 쏟아 부었다고 할 수 있단다."

"……."

"나를 덮친 지독한 아픔과 슬픔이 내 마음의 눈을 열어 주었고, 그렇게 쓴 작품이 나를 대작가로 만들어줬던 거야. 허허허."

순간 터져 나오는 아이들의 탄성이 귀에 쩌렁쩌렁하다.

"야호! 만세!"

"할아버지 정말 멋져요."

"우와! 오뚝이처럼 쓰러졌다가 다시 일어나신 거네요."

아이들의 칭찬에 괜히 어깨가 으쓱해진다. 잠시 후 숨을 고른 톰이 묻는다.

"《실낙원》이 어떤 내용인데, 그렇게 유명해지셨어요?"

"데보라가 이 서사시를 받아 적기도 했으니, 네가 말해주겠니?"

　　사탄은 하느님이 성자를 정하자 이에 불만을 품고 천사들 중 삼분의 일을 모아 반역을 하려고 한다. 그러나 그들의 음모는 실패로 돌아가고, 그 뒤 어둠의 구렁텅이인 지옥에 떨어져 비참한 생활을 하게 된다. 사탄 일행은 지옥에서 다시 천국을 되찾을 길을 모의한다. 사탄은 악마의 괴수들을 모아 참모회의를 연다. 그 자리에서 또 한 번 전쟁을 치르자는 쪽과 반대하는 쪽이 팽팽히 맞선다. 결국 사탄 일당은 자신들이 처해있는 힘없는 상황을 생각해 천국을 직접 공격하지 않고 돌아서 공격하기로 결정한다. 바로 하느님이 새로 탄생시키는 인류를 타락시키기로 한 것이다. 천국에서는 사탄 일행을 지옥으로 떨어뜨린 뒤, 반역에 참가한 천사들의 빈자리를 채우기 위해 또 하나의 세계와 인류를 창조하려고 했기 때문이다.

사탄은 인류를 타락시키는 일을 직접 하기로 한다. 우선 온갖 꾀를 짜내 지옥을 벗어나 인류세계의 낙원인 에덴에 가서 방금 창조된 아담과 하와를 찾아낸다. 사탄은 뱀으로 변해 하와를 달콤한 말로 속인다. 하와는 하느님의 명령을 무시하고 지혜나무의 열매를 따서 맛본다. 아담도 하와가 권하는 것을 물리치지 못하고 역시 지혜나무의 열매를 따먹는다. 그러자 천지가 뒤흔들리고 우주에 갑작스런 변화가 찾아온다. 이들은 하느님의 노여움을 사서 결국 낙원에서 쫓겨난다. 그러나 미카엘 천사가 나타나 아담과 하와를 낙원 밖으로 인도하면서 노아의 홍수 때까지의 인류의 미래를 보여준다. 잘못을 깨닫고 죄를 뉘우친다면 인류의 낙원을 다시 건설할 수 있으리라는 희망을 준 것이다.

노아 구약성경 창세기에 나오는 대홍수 이야기의 주인공. 하느님이 내린 대홍수 때 방주에 가족과 동물들을 태워 목숨을 구한 의로운 사람이다.

데보라가 옛날이야기를 하듯 차분하게 줄거리를 말하자, 아이들이 저마다 한마디씩 한다.

"사탄이 정말 하늘에서 쫓겨난 천사 출신이에요?"

"그럼 사탄이 지금도 우리들을 죄에 빠뜨리려고 노력해요?"

내가 고개를 끄덕이자, 잭이 급하게 묻는다.

"그런데 할아버진 이 서사시를 왜 쓰셨어요?"

핵심을 찌르는 질문에 다소 긴장하게 된다. 잭은 글의 내용보다도 작가의 의도를 묻고 있다.

"조금 전에 데보라가 말했듯이 난 너무 어려운 일들을 많이 겪었단다. 그러면서 난 내가 죄를 많이 지어서 이런 시련이 있는 것이라고 생각했지. 그래서 우리가 잘못을 뉘우쳐야만 하느님께 다시 돌아갈 수 있다는 생각을 굳히게 됐어. 인류가 낙원을 잃어버린 것도 마찬가지라는 생각으로 《실낙원》을 쓴 거야."

"……."

"1665년에 런던에서 페스트 전염병으로 구만 칠천 명이 죽은 일이 있었어. 또 1667년 9월 2일에는 런던에 불이 나서 교회 팔십 개와 집 만 천여 채가 불에 탄 적도 있었고. 런던의 삼분의 이가 불에 탄 셈이지. 난 이런 재앙이 일어난 건 런던 시민들이 도덕적으로 타락해서 생긴 일이라고 봐."

잠자코 있던 데보라가 다시 나선다.

"아버지의 이런 생각은 1671년에 출판된 《복낙원》과 《투사 삼손》에서도 그대로 드러나."

"삼손이라고? 못된 데릴라의 꼬임에 넘어가 힘이 샘솟는 머리카락을 잘렸던 그 힘센 장수 말이야?"

"오우, 톰이 보기와 달리 제법 똑똑한데."

"험험. 이정도야 뭐 상식이지. 히히."

데보라 때문에 졸지에 내 자랑을 하는 자리가 돼 버렸다. 그래도 얘기 나온 김에 마저 해야겠다.

"《복낙원》은 예수께서 사탄의 유혹을 물리치고 최후의 시련에도 이겨낼 수 있다는 것을 보여 준 서사시야. 그리고 《투사 삼손》은 방탕하던 삼손이 마음을 돌려 다시 하느님께 선택받는다는 서사시고. 모두 유혹이나 죄에서 벗어나야 하느님의 영광을 드러낼 수 있다는 이야기지."

잠시 후 폴이 나지막하게 묻는다.

"전 어떤 때는 학교에 가기도 싫고, 또 어떤 때는 친구를 막 미워

데릴라 삼손의 애인. 삼손의 머리카락을 잘라 힘을 못 쓰게 만들고 그를 배반했다.

하기도 하는데, 그것도 사탄의 유혹인가요?"

"허허허. 글쎄다. 그걸 사탄의 유혹이라고 딱 잘라 말할 순 없단다. 하지만 양심상 꺼림칙한 일은 사탄이 유혹하는 걸로 봐야겠지."

사탄의 유혹에 걸려든 게 아닌가 하고 조마조마해 하는 폴의 앙증스런 모습을 상상만 해도 귀엽다. 이때 톰이 나선다.

"그런 이야기는 《성서》에 다 나오는데, 왜 서사시로 다시 쓰셨어요?"

"톰은 장차 훌륭한 시인이 되겠구나. 보통 날카로운 눈을 가진 게 아닌데."

"정말요?"

아이의 방긋 웃는 모습이 눈앞에 그려진다.

"서사시는 신이나 영웅을 중심으로 벌어지는 사건을 하나의 주제로 노래하는 거야. 옛날에 일어났던 역사적인 사건이나 신화와 전설 같은 옛날이야기들을 시인이 새롭게 해석해서 독자들에게 보여주는 거지. 세상은 보는 사람에 따라 달리 보이는 거거든."

"그럼 그 이야기를 가지고 자기 생각대로 시를 쓰면 되나요?"

"우선은 상상력이 풍부해야 실제로 살아 움직이는 듯한 시를 쓸 수 있겠지. 신이나 영웅이 벌이는 옛날 일을 직접 눈으로 보듯이 말이야. 그다음에는 고전이 지니고 있는 전통을 이어나간다는 자세를 가져야 해."

"그게 무슨 말이죠?"

"난 《성서》뿐만 아니라, 그리스와 로마의 고전을 두루 읽었기 때문에 이런 서사시들을 쓸 수 있었단다. 서사시는 무작정 상상해서 자기 맘대로 쓰는 것이 아니라, 고전을 바탕으로 해서 우아하고 장엄하면서도 깊은 맛을 내야 해. 또한 전체적으로 치밀하게 짜임새를 만들어야 하고. 그래야 재미있거든."

잭이 이해가 되지 않는다는 투로 묻는다.

"할아버진 아까 서사시가 웅장하고 엄숙하다고 했고, 좀 전에는 잘못을 뉘우쳐야 한다는 걸 보이려고 서사시를 쓰셨다고 했잖아요. 그런데 그런 서사시가 어떻게 재미있을 수 있죠?"

느린 말투와 달리 빠른 머리를 가진 아이다. 순간적인 허점을 놓치지 않고 있다.

"교훈적인 것과 재미있는 것은 흔히 함께 있을 수 없다고 생각하지. 그러나 사실은 그렇지 않단다. 교훈이 없는 재미는 한갓 말장난에 지나지 않아. 또한 재미가 없는 교훈은 딱딱해서 견딜 수 없고. 그러니까 작품을 재미있게 읽고 나서 가슴에 뭔가 와 닿는 느낌이 든다면, 명작이라 할 수 있지."

"책을 재미있게 읽고 나서 '나도 이렇게 해야겠구나.' 하고 생각하는 거 말이죠?"

"나보다 더 잘 아는구나. 허허허."

어느새 저녁을 알리는 교회의 종소리가 공원에 울려 퍼진다. 오랜만에 비가 개어 태양이 얼굴을 내민 날, 맑은 아이들과 순수한 마음을 나누었다. 노아의 방주에 나뭇잎을 물고와 홍수가 끝났음을 알렸던 비둘기의 후손들이 후드득 날아오른다. 어딘가 꿈과 희망을 약속하는 무지개가 떠있을지도 모를 일이다.

밀턴
죄를 뉘우쳐 악에서 벗어나다

존 밀턴은 1608년 12월 9일 영국 런던의 브레드 가에서 금융업자인 아버지 존 밀턴과 어머니 사라 제프리의 장남으로 태어났다. 밀턴은 작곡에 재능이 있던 아버지로부터 청교도적인 기질과 예술적 교양을 물려받았다. 또한 7살 때에 성 바울 학원에 입학하여 라틴어, 그리스어, 히브리어를 배워 인문주의의 기틀을 마련했다.

그는 목사가 되기 위해 1625년 케임브리지 대학교 신학부에 입학했다. 그 무렵에 쓴 밀턴의 라틴어 시들은 이미 높은 수준이었다. 1629년에 영어로 쓴 《그리스도 탄생의 아침에》는 주제나 기교에 있어서 빼어났으며, 그가 앞으로 쓸 작품들의 방향을 미리 알린 것이나 다름없었다. 그러나 그는 교회가 타락하는 것에 불만을 느껴 작가가 되기로 결심했다. 그 무렵인 1631년에 발표한 《쾌활한 사람》은 엄격한 청교도적 정신과는 다른 인본주의적 향기가 물씬 풍기는 작품이었다.

밀턴은 1632년 7월에 케임브리지 대학교에서 문학 석사학위를 받았다. 그 뒤 1638년까지 약 6년간 런던 서쪽 교외의 호튼에서 전원생활을 했다. 1634년에는 선과 악의 갈등을 그린 가면극 《코머스》를 공연했고, 1638년에는 불의의 사고로 죽은 친구 에드워드 킹을 추모하는 시집 《리시다스》를 출판했다.

영국은 1649년에 찰스 1세를 처형함으로써 왕정이 무너지고 공화정 시대를 맞았다. 밀턴은 1660년 왕정이 다시 들어서기까지 공화정을 지지하며 크롬웰의 외국어 장관을 했다. 그는 국민의 자유를 수호하기 위해 청교도혁명과 크롬웰의 공화정을 편드는 글을 썼다. 1649년의 《국왕과 관료들의 재직 조건》과 《우상타파론》, 1651년의 《영국민을 위한 변호》와 1654년의 《영국민을 위한 두 번째 변호》, 그리고 1655년의 《자신을 위한 변호》와 1660년의 《자유공화정 설립을 위한 쉽고도 신속한 방법》 등이 대표적인 글이다. 이 글들로 인해 그의 이름이 유럽에 널리 알려지게 됐다.

그러나 밀턴은 지나치게 글을 쓴 탓에 1652년에 두 눈을 모두 잃었다. 또한 1660년에 찰스 2세가 왕정을 되찾자, 공화정을 돕던 그 역시 위험에 빠지게 됐다. 많은 사람들이 처형됐으나, 그는 다행히 감옥에 갇혔다 풀려나 목숨을 구했다. 그러나 그의 첫 번째 아내와 아들이 죽었고, 연이어 두 번째 아내와 딸마저 죽는 아픔을 당했다.

밀턴은 그러한 견딜 수 없는 고통에도 쓰러지지 않고 다시 일어섰다. 늙어서 《성서》를 바탕으로 한 3대 걸작을 내놓은 것이다. 1667년에 인간이 죄를 지어 낙원을 잃는 사건을 다룬 서사시 《실낙원》을 출판하고, 1671년에 서사시 《복낙원》과 《투사 삼손》을 출판했다. 이로써 그는 셰익스피어에 버금가는 대시인이라는 평가를 받게 됐다. 그 후에도 밀턴은 매년 한 권씩의 책을 출판하는 저력을 보였다. 그는 1674년 11월 8일, 65살의 나이로 세상을 떴다.

맹인 작가가 쓴 서사시

실낙원

1667년에 출간된 밀턴의 대표적인 서사시이다. 그는 인간이 신의 뜻을 알아야 하며, 신의 뜻이 올바르다는 것을 알리기 위해 지옥, 천국, 지상을 무대로 한 이 글을 썼다. 〈지옥편〉, 〈연옥편〉, 〈천국편〉으로 구성된 단테의 《신곡》과 더불어 최고의 종교적인 서사시로 꼽힌다. 《실낙원》은 그리스의 호메로스, 로마의 베르길리우스, 이탈리아의 단테와 같은 서사시인들의 장점을 살려서 남성적인 힘이 넘친다. 뿐만 아니라 밀턴 특유의 서정적 섬세함이 돋보인다.

《실낙원》은 〈창세기〉 1~2장의 아담과 하와가 뱀의 꼬임에 넘어가 타락하는 이야기와 〈요한 묵시록〉 12장의 미카엘 천사와 뱀인 사탄과의 싸움에 대한 예언적인 이야기를 바탕으로 하고 있다. 이 서사시에는 이러한 《성서》의 구절들이 수없이 인용되고, 또 그리스와 로마의 여러 고전들이 인용되어 있다. 밀턴이 《실낙원》을 완성한 것은 1665년 무렵이었으나, 런던을 휩쓴 페스트와 화재 때문에 1667년 4월에 초판을 내놓게 되었다. 처음에는 10편이었지만, 1674년에 다시 출판될 때에는 12편으로 고쳤다.

복낙원

밀턴이 1671년에 출판한 서사시로 《실낙원》의 속편이라고 할 수 있다. 예수가 광야에서 사탄의 유혹을 이겨내고, 마침내 인류에게 잃었던 낙원을 회복시켜 준다는 내용이다. 이 서사시는 《신약성서》의 〈누가복음〉 4장 1~13절과 〈마태복음〉 4장 1~11절을 바탕으로 하고 있다.

사탄은 광야에서 40일간 기도를 마친 예수에게 다가가 맛난 음식과 세상의 모든 부귀영화를 주겠다고 유혹하지만, 모두 실패하고 만다. 또한 예수를 성전의 꼭대기에서 뛰어내려 보라고 시험하지만, 그 역시 통하지 않는다. 결국 사탄은 다음 기회를 엿보기로 하고 사라진다는 내용이다. 예수의 인간적인 면을 드러냄으로써 인간이 신의 뜻에 따른다면 낙원을 되찾을 수 있다는 것을 보이고 있다.

투사 삼손

밀턴이 1671년에 출판한 서사시로서 《구약성서》의 〈판관기〉 13~16장에 나오는 삼손 이야기를 바탕으로 하고 있다. 삼손이 방탕함을 뉘우치고 다시 하느님의 뜻을 받들어 투사로서의 임무를 다하는 과정을 서사시로 그렸다.

삼손은 이스라엘의 마지막 판관이자 전설적인 영웅으로 엄청난 힘을 지니고 태어난다. 기원전 11세기경에 태어나 20년간 이스라엘을 다스린다. 그러나 삼손은 나지르 사람이 지켜야 할 하느님의 명령을 어긴다. 다른 종족의 여인과 혼인하지 말고, 포도주나 독주를 마시지 말라는 명령을 어긴 것이다. 삼손은 데릴라의 꼬임에 넘어가 힘이 솟아나는 머리카락을 잘리게 된다. 그 뒤 삼손은 블레셋 사람들에게 잡혀 두 눈을 뽑힌 채 밧줄에 묶여 맷돌을 돌리는 처지가 된다. 삼손은 블레셋 사람들의 신인 다곤의 축제일에 자신의 죄를 깊이 뉘우치고, 원수들을 물리치게 해달라는 마지막 기도를 드린다. 그 순간 삼손은 힘을 되찾아 다곤 신전의 기둥을 무너뜨려 적들을 물리치고, 자신도 죽는다는 내용이다.

밀턴을 찬미한 시

밀턴이여, 그대 지금도 살아있으면
영국이 그대를 필요로 하고 있나니.
이 나라는 지금 괴어있는 물의 늪.
제단도 칼도 펜도 난로가도 대청과 안방의 당당한 부유함도
오랜 영국의 유산인 내면의 행복도 잃었도다.
우리는 모두 이기적인 사람들.
오, 우리를 일으켜 다시 돌아가게 하라.
그리고 우리에게 예절과 덕행과 자유와 힘을 달라.
그대의 영혼은 별과 같아 멀리 떨어져 살았고
그대는 바다와 같은 목소리를 갖고 있었도다.
구름 한 점 없는 하늘처럼 맑고 장엄하고 자유롭게
그대는 유쾌한 신앙심을 갖고 인생의 평범한 길을 걸어갔도다.
그러면서도 그대 마음은 가장 천한 의무도 스스로 떠맡았도다.

— 윌리엄 워즈워드가 쓴 〈런던 1802〉

편지로 마음을 그린 화가
고흐

1888년 8월. 론 강의 별이 빛나는 밤이다. 한여름의 뜨거운 태양과 얼굴을 마주하던 해바라기도 고개를 숙인 밤. 잔잔하게 흐르는 론 강은 시원함을 더하고, 금방이라도 쏟아져 내릴 듯한 별들은 초롱초롱하게 빛을 발한다.

내 나이 어느덧 35살. 네덜란드 출신인 내가 좀 더 좋은 그림을 그리기 위해 프랑스에 온 지도 2년이 됐다. 난 그간 파리에 머물다가 올 2월, 남쪽에 있는 이곳 아를에 왔다. 복잡한 도시생활에 싫증이 났고, 몸도 약해져서 좀 더 밝은 하늘 아래에서 자연을 보고 싶었다. 고향인 네덜란드의 시골과 같은 이곳의 풍경이 너무 정겹다.

"어머, 아저씨! 노란 집 아저씨 맞죠?"

반가워하는 소녀의 호들갑에 붓끝이 흔들린다. 모자의 차양과 화판을 걸치는 이젤에 호롱불을 켜놓고 론 강의 밤 풍경을 그리던 붓을 내려놓는다. 고개를 돌리자, 낯익은 얼굴이 코앞에 있다.

"아니, 너 룰렝 씨 딸 아니니?"

"네 맞아요."

"그런데 이 시간에 여긴 웬일이니?"

"너무 더워서 바람 쐬러 나왔어요."

"혼자서?"

"치! 제가 뭐 어린앤가요? 저도 벌써 열세 살인데요."

차양 햇볕을 가리거나 비가 들이치는 것을 막기 위해 모자나 지붕에 덧댄 것.

난 이곳에 온 지 얼마 안 됐지만, 소박하고 꾸밈없는 몇몇 사람들을 만났다. 그중에서도 우편집배원인 조제프 룰렝 씨 가족과의 만남은 더욱 특별하다. 그들의 초상화를 그리면서 그 집 식구들과 친해진 것이다. 이 소녀 역시 나를 마치 삼촌 대하듯이 한다. 난 노란색으로 칠해진 집에서 살고 있는데, 거기서 초상화를 그린 룰렝 씨 가족은 나를 아예 노란 집 아저씨라 부른다.

"우아! 어쩜 이렇게 아름답게 그릴 수 있죠? 아저씬 너무 멋져요."

"정말 그러니? 칭찬해주니 고맙구나."

소녀의 부추김에 어깨가 으쓱해진다. 그렇지 않아도 요즘 제대로 먹지 못해 기운이 없던 차에 힘이 불끈 솟는다.

"지난번 아저씨 집에서 본 꽃병에 꽂혀있는 열두 송이 해바라기 그림도 너무 멋졌어요."

"험험. 그럼 배가 지나갈 수 있도록 들었다 놓았다 하는 도개교 그림은 어땠는데?"

"강가에서 빨래하는 아줌마들 모습이 너무 그럴 듯했어요. 우리 엄마도 거기 가서 빨래하는데, 호호."

거리낌 없이 웃던 소녀가 고개를 갸우뚱하며 묻는다.

"그런데 왜 아저씨 그림엔 노란색이 많아요? 사시는 집도 그렇고요."

소녀가 내 그림의 공통점을 찾아내고 있다. 평소에는 덜렁대는 것

도개교 큰 배가 밑으로 지나갈 수 있도록 위로 열리는 다리.

처럼 보였는데, 보기보다 날카로운 눈을 가지고 있다.

"하늘은 놀랄 만큼 아름다운 하늘색이야. 그런데 그 속에 박힌 태양은 연한 유황색이고, 그 빛을 받는 다리나 들판, 그리고 해바라기 같은 자연은 밝은 노란색이지. 난 그런 자연스럽고 활기찬 노란색이 무척 좋아. 지금처럼 별이 총총히 뜬 밤의 차분한 경치도 마음에 들지만……."

"그럼 지금 론 강의 별빛과 등불 빛을 노랗게 그리시는 것도 그래선가요?"

"그렇다고 할 수 있지."

"흠. 제 눈엔 저 별빛과 등불 빛이 하얗게 보이는데……."

소녀가 뭔가 이상하다는 듯이 내 그림을 뚫어지게 들여다본다. 표현하는 방식에 대해 의문을 품고 있는 것이다.

"그림은 자신을 표현하는 거야. 화가가 세상을 어떻게 보느냐에 따라 그림이 달라지지. 화가마다 세상을 달리 보고, 그걸 달리 표현한다는 말이야. 모든 예술이 다 그렇듯이."

"그럼 내가 기분이 좋으면 모든 게 밝게 보이고, 슬프면 모든 게 우울하게 보이는 것도 그런 이유 때문인가요?"

"옳지. 바로 그런 원리야."

"그럼 아저씬 그림으로 마음을 표현하는 거네요."

"오호, 대단한 걸. 그런 걸 다 알다니."

소녀의 얼굴이 환해진다. 어깨를 으쓱하던 소녀가 묻는다.

"그럼 아저씬 그림으로만 마음을 표현해요?"

"난 화가가 되기로 결심한 뒤, 8년간 수많은 그림을 그려서 내 마음을 표현했지. 하지만 난 그림을 그리기 전부터 오늘까지 글로 내 마음을 표현해왔어. 편지로 말이야."

"네에? 펴, 편지로 마음을 표현한다고요?"

소녀는 편지라는 말에 눈을 동그랗게 뜨며 놀란다. 소녀의 얼굴이 금세 굳는다.

며칠 전 술집에서 만난 룰렝 씨는 한숨을 쉬며 나에게 고민을 털어놓았다. 룰렝 씨는 자기의 직업을 자랑스러워했다. 그러나 요즘 딸이 우편집배원인 자신을 부끄러워한다며 슬퍼했다. 사춘기에 접어들면서 예민해진 딸이 다른 집의 그럴듯한 직업을 가지고 잘사는 친구 아버지들과 자기를 비교한다는 것이었다.

그래서 소녀는 편지라는 말에 날카롭게 반응하는 것이리라. 그런 일을 모르는 척하는 것이 나을 성싶다.

"뭐가 잘못 됐니?"

"아, 아뇨. 그냥."

"난 따스한 마음을 담은 편지를 전해주는 네 아버지 같은 우편집배원에게 무척 감사하며 살고 있어. 그 일이 부럽기도 하고."

"전 아저씨 같은 미술가가 부러워요. 멋진 예술가로 대접받잖아요. 솔직히 아저씨가 우리 아빠였음 좋겠어요."

소녀가 샐쭉하며 강을 바라본다. 일이 이렇게 됐으니 오늘 소녀의 생각이 잘못됐다는 걸 알려줘야겠다. 겉으로 보이는 화려한 세계가 모두 진실은 아니라는 것을 말이다.

"사람들은 미술가의 어려운 삶과 창작의 고통에 대해선 아는 게 없어. 눈에 보이는 작품의 아름다움만을 생각하기 때문이지."

"……."

"난 열다섯 살 때, 기숙학교에 적응하지 못해 중퇴하고 말았어. 그 뒤 돈을 벌기 위해 화랑과 서점의 직원으로 오래 일했지."

"그럼 돈을 많이 버셨겠네요?"

"아니, 나에겐 장사하는 일이 마치 남을 속이는 것처럼 보였어. 그 일이 맞지 않았던 거야."

소녀가 호기심에 찬 눈으로 바싹 다가선다. 뒤로 묶은 꽁지머리가 연두색 원피스와 잘 어울린다.

"그 뒤 난 목사가 되기 위해 벨기에에 있는 전도사 양성학교에 입학했어. 그리곤 스물다섯 살 때 보리나주에 있는 탄광촌에서 전도를 했지."

"석탄 캐는 데에서요?"

"응. 난 거기서 힘들게 일하는 광부들을 보고 마음이 너무 아팠어. 그래서 나도 방바닥에서 자고, 빵과 물만 먹으며 생활했어. 탄광 사고가 났을 땐 광부들을 구조하기 위해 며칠 밤낮을 잠도 안자며 뛰어다니기도 했고……."

"햐! 그럼 훌륭한 전도사로 인정받으셨겠네요?"

"웬걸. 오히려 날 미친 사람 취급을 하더라고. 광부와 똑같이 생활하는 것이 오히려 목사에 걸맞지 않는다고 하면서 전도사 자격을 빼앗았어."

그때 생각을 하면 지금도 가슴이 아프다. 난 힘들게 생활하는 광부들과 하나가 되고 싶었는데, 세상은 그걸 인정하지 않았다.

"그 후 난 그림을 그리기로 결심했어. 그래서 1880년에 벨기에에 있는 브뤼셀 미술학교에 등록했지. 그런데 미술경연대회에서 꼴찌를 하고 말았어. 하하하."

"어떻게 그럴 수 있죠?"

"상 받은 사람들의 데생은 다 똑같았어. 학교에서 가르치는 대로 그린 거지. 개성이라곤 눈곱만큼도 찾아볼 수 없는 그림들이었어. 난 독창적인 그림을 그려서 무시당했던 거야."

소녀가 안타깝다는 듯이 바라본다.

"그래서 난 미술학교를 그만두고 나만의 그림을 그리기 시작했어. 특히 정직하고 진실하게 사는 농민과 그들이 사는 농촌을 그렸지."

"아저씨가 그런 마음을 가지고 있어서 그런 거 아녜요?"

순간 온몸에 소름이 돋는다. 어린 소녀의 입에서 이런 말이 나오다니.

"아까 아저씨께서 말씀하셨잖아요. 그림은 자신을 표현하는 거라고요."

"맞아. 어렵게 젊은 시절을 보냈던 난 농부와 농촌의 꾸밈없는 모습이 좋았거든. 지금도 그렇지만."

"어떻게 그려야 멋진 그림이 돼요?"

"농부를 그리려면, 마치 자기가 농부인 것처럼 보고 생각해야지."

소녀가 잠시 생각에 잠긴다. 곧이어 눈을 반짝이며 다가선다.

"아하! 그래야 농부와 같은 마음을 표현할 수 있겠네요."

내 말을 알아듣고, 나와 같은 생각을 하는 이와의 만남은 언제나 즐겁다. 오랜만에 말이 통하는 친구를 만난 기분이다.

"난 1885년에 그린 〈감자먹는 사람들〉이 좋아. 음식과 노동의 거룩함을 표현하려고 노력했거든. 그걸 나타내려고 다섯 명의 가족을 각각 사십 번씩 그렸을 정도였으니까."

"네에? 사, 사십 번이라고요?"

"그런 다음에 한 폭의 그림을 그렸지. 그래서 사람들의 시선이 잘 어울리지는 않아. 그렇지만 난 그 그림으로 이름이 좀 났지. 험."

"우아, 그럼 아저씬 돈을 많이 버셨겠네요?"

"그렇지 않아. 옛날엔 귀족이나 교회나 상인이 화가에게 그림을 주문했어. 그래서 화가는 자유롭진 못해도 돈을 제법 벌었지. 그러나 1789년에 프랑스 혁명이 일어나면서 화가도 자유롭게는 됐는데,

그림이 안 팔리면 가난하게 살 수밖에 없게 됐어."

"그럼 아저씨 그림은 잘 팔려요?"

순간 입을 닫고 만다. 난 8년 동안 800여점 가까운 유화와 1000여점에 달하는 데생을 그려왔다. 그러나 내 그림은 전혀 팔리지 않았다. 단 한 점도.

"사람들은 내 그림의 예술성을 아직 모르고 있어. 그래서 내가 내 그림을 세상에 내놓지 않고 있지. 험험."

"에이, 사람들이 그림 볼 줄 모르네요. 아저씨 그림처럼 아름답고 멋진 작품이 어디 있다고."

"그렇게 봐주니 고맙구나. 하여간 그러다 보니 사람들이 날 실패한 사람 취급하는 게 견디기 어려워. 또 잘 먹지 못해 영양실조로 이가 빠지고, 소화가 안 되는 것도 힘들고. 그래도 그림 생각만 하면 힘이 불끈 솟아오르지."

소녀의 눈에 물기가 감돈다.

"아저씬 그렇게 슬프고 힘든 걸 어떻게 견디세요?"

"난 어려서부터 책을 많이 읽었어. 그게 내겐 큰 힘이 돼주었지. 아를에 온 것도 여기가 양치기 소년과 부잣집 소녀의 사랑을 그린 《별》과 외국의 침략으로 프랑스어를 더 이상 배울 수 없게 된 《마지막 수업》을 쓴 알퐁스 도데의 고향이기 때문이야. 또 광부들의 비참한 삶과 저항을 그린 《제르미날》을 쓴 에밀 졸라의 고향이기도 하고."

"그럼 아저씬 문학 소년이셨네요?"

"그런가? 난 시인은 하늘의 별처럼 높은 이상을 꿈꾸는 사람이라

고 생각해. 그래서 파란색 하늘에 별이 반짝이는 배경으로 〈시인 외젠 보슈의 초상〉을 그리기도 했지. 난 낮엔 독서하거나 그림을 그리고, 밤엔 편지를 썼어."

"……."

"열아홉 살 때부터 지금까지 한 육백 통은 넘게 썼을 거야, 아마."

"유, 유, 육백 통요?"

편지라는 말에 입을 꼭 다물고 있던 소녀가 깜짝 놀라 말을 더듬는다. 소녀의 눈이 토끼를 닮았다.

"난 힘들고 지칠 때마다 어머니나 누나에게 편지를 썼어. 그중에서도 네 살 아래 동생인 테오에게 쓴 게 거의 대부분이지."

"정말요? 전 동생과 말도 하기 싫을 때가 더 많은데. 깍쟁이 같거든요."

"여기 마침 내일 동생에게 보낼 편지가 있는데, 한 번 보겠니?"

사랑하는 테오에게

잘 지내지? 여긴 무척 더운데, 파리는 어때? 파리에선 나 자신을 지치게 하는 일밖에 배우지 못했어. 그러나 여기선 시골에서 지낼 때

품었던 생각으로 되돌아가고 있어.

요즘엔 평소 알고 지내던 어떤 화가의 초상화를 그리려고 해. 그는 큰 꿈을 갖고 있으며, 천성적으로 나이팅게일이 노래하듯 작업하는 친구야. 그에 대한 애정을 표현하는 그림을 그리고 싶어. 우선은 그를 있는 그대로 충실하게 그릴 거야. 그러나 그게 그림의 목적은 아니지. 그림을 완성하기 위해선 색에 대해 집착하는 사람이 돼야 해. 난 그의 금발을 과장되게 강조하면서 오렌지색, 황토색, 흐린 노란색 톤을 쓸 거야. 그림의 바탕도 누추한 아파트의 색깔을 그대로 칠하는 대신에 선명하고 강렬한 파란색으로 칠할 거고. 파란색 바탕에 대비된 빛나는 금발은 파란 하늘에 떠있는 별처럼 신비스런 느낌을 줄 거야.

농부의 초상화를 그릴 때에도 같은 방법으로 했거든. 내가 그리려는 훌륭한 농부가 찌는 듯한 한낮의 열기 속에서 곡식을 거둬들이고 있다고 상상했어. 그리곤 빨갛게 달궈진 다리미처럼 빛나는 오렌지색과 황금색의 반짝이는 톤을 담은 그림을 그렸지.

사랑하는 동생아. 높은 양반들은 이런 과장된 표현을 보면 단지 서투르게 흉내낸 것으로 생각하겠지? 그러나 그게 무슨 상관이냐? 우리는 《대지》와 《제르미날》을 읽은 사람이야. 농부를 그린다면 우리가 읽은 작품이 우리 일부가 되었다는 걸 보여주고 싶어. 안녕.

1888년 8월 11일 빈센트 형이

호롱불 곁에 바싹 붙어서 편지를 읽은 소녀가 감동적인 표정을 짓는다.

"전 편지가 그저 시시콜콜한 얘기를 쓰는 건 줄 알았어요. 그런데 이 편질 보니까 아저씨의 그림에 대한 생각이 잔뜩 담겨있네요. 마치 아저씨 마음속을 들여다보는 것처럼 말예요."

"그래?"

"그런데 아저씬 이런 편지를 왜 써요?"

"내 마음을 표현하기 위해서지. 편지는 세상과의 통로야."

편지라는 말에 무뚝뚝한 반응을 보이던 소녀가 차츰 마음을 연다.

"그럼 멀리 떨어져 있는 사람들과 마음을 나누는 거네요."

"난 모든 예술가들이 주제를 고를 때, 그 안에 인간의 진실한 감정을 담아야 한다고 생각해. 내가 내 그림에 등장하는 사람들이나 사물에 그들이 갖고 있는 순수한 모습을 담으려고 하는 것처럼 말이야."

"편지도 그런가요?"

"물론이지. 편지는 꾸밈없는 마음을 표현하는 화판과 같아. 기쁘고, 화나고, 사랑하고, 즐겁고, 슬프고, 밉고, 욕심내고 하는 감정들을 마음껏 표현할 수 있거든. 또 내가 하고 있는 일과 세상에 대한 내 생각을 당당하게 밝힐 수도 있고."

"휴! 그렇게 편지를 쓰고 나면 진짜 속이 후련하겠네요."

사춘기 소녀의 답답한 마음을 풀어내고 싶다는 열망이 긴 한숨 속에서 묻어난다.

"아무렴. 내 마음 깊은 곳에 있는 걸 나누는 거니까. 몸은 떨어져 있지만, 마음은 늘 같이 있는 셈이지."

소녀가 고개를 끄덕이며 생각에 잠긴다. 잠시 후 소녀가 불쑥 묻는다.

"그럼 편지는 친한 사람에게만 쓰는 것인가요?"

"그렇진 않아. 일 때문에 사무적으로 쓰는 경우도 있으니까. 그런 경우엔 깍듯한 예의를 갖추어서 격식에 맞춰 써야지. 그러나 난 그런 편지는 거의 안 써. 너무 형식적이라 부담스럽거든."

"하고 싶은 말을 맘대로 할 수 없어서 그렇죠?"

"이런! 멋진 숙녀에게 내 마음을 다 들켜버렸네. 하하."

"치! 제가 뭐 숙녀인가요? 멋지다는 말은 맞지만. 호호."

　편지에 대한 저항감이 많이 사라진 듯하다. 이제는 오히려 적극적으로 나서며 묻는다.
　"그럼 편지는 어떻게 써야 해요?"
　"우선 첫머리에 편지받을 사람의 이름을 쓰고, 안부를 묻는 인사를 해. 날씨나 상대방의 건강을 묻고, 요즘 자기 생활을 잠깐 얘기하면 되지."
　"그런 다음은요?"

"하고 싶은 말이나 용건을 쓰면 돼. 그리고 끝에 작별 인사를 하고, 날짜와 서명을 하면 마무리 되지. 만약 빼먹은 게 있으면, '추신'이라는 말을 쓰고 덧붙이면 되고."

"어렵진 않네요."

"그럼. 그러나 그런 형식보다 더 중요한 게 있어. 내 가슴속에서 들려오는 소리에 귀를 기울이려는 겸손한 마음, 세상과 타협하지 않고 어떠한 고통도 이겨내려는 꿋꿋한 마음, 하고 있는 일에 대한 순수하고도 뜨거운 마음, 도망치거나 쓰러지지 않으려는 희망적인 마음……."

"그럼 아저씬 편지를 쓸 때나 그림을 그릴 때나 마음가짐이 같아요?"

소녀가 제법 어른스러운 질문을 한다. 내 말을 다 알아 들은 것 같은 느낌이다.

"그림은 색으로 표현하고, 편지는 글로 표현한다는 것만 다를 뿐 마음을 표현하는 건 똑같지. 그래서 나에게 그림과 편지는 둘 다 소중하단다."

"전 그래도 그림이 더 멋져 보이는데."

"난 내 그림을 관리해주는 테오를 소중하게 생각하듯이 내 편지를 전달해주는 네 아버지를 존경해. 둘 다 내 마음을 귀중하게 다루는 사람들이니까."

순간 소녀가 고개를 잔뜩 숙인다. 발로 땅바닥에 뭔가를 쓰며 내 말을 되새기고 있다.

"세상에 하찮은 직업이란 없어. 난 네 아버지의 둥근 모자와 수놓은 소매에 노란 단추가 두 줄로 나란히 달린 보라색 제복을 보면 얼마나 기쁜지 몰라. 어떤 때는 가슴까지 뛰지. 마치 기다리고 기다리던 사람을 만난 것처럼 말이야."

"……."

"네 아버진 사람들에게 기대와 희망과 꿈을 전해주는 분이지. 모든 사람들이 우편집배원인 네 아버지를 그렇게 생각할 거야. 안 그러니?"

기어코 소녀의 눈에서 눈물이 뚝뚝 떨어진다. 울음소리 없이 떨어지는 눈물이라 더욱 무겁다.

"어둠이 깊을수록 별은 더욱 빛나지. 요즘 힘든 게 있다면 그건 네가 자라고 있다는 증거야. 가족만큼 빛나는 별은 없어. 서로가 서로를 밝혀주는 별 말이야."

결혼을 하지 못한 난 소녀의 아버지와 그 가족이 너무도 부럽다. 론 강 위에 뜬 저 수많은 별보다도 더 부럽다. 아버지, 어머니, 남편, 아내, 그리고 아들과 딸이 저 별들보다 더 반짝이는 존재인 것이다. 고향 떠난 나그네의 밤이 풀벌레 소리와 함께 깊어간다.

고흐
가슴속 깊은 곳을 그리다

　빈센트 반 고흐는 1853년 3월 30일 네덜란드의 브라반트 그루트 준데르트에서 목사인 아버지 테오도루스 반 고흐와 어머니 안나 코르넬리아 카르벤투스의 6남매 중 맏아들로 태어났다. 11살 때 제벤베르겐 기숙학교에 다니기 시작해 15살 때 학교를 그만두었다. 그 후 고흐는 그림을 사고파는 큰아버지 도움으로 구필 화랑 헤이그 지점에 취직했고, 나중에는 브뤼셀, 파리, 런던 지점에서 근무했다. 21살 때 런던 출신의 아가씨인 우르술라에게 실연을 당하면서 크게 실망해 거의 혼자 살다시피 했다. 1876년 구필 화랑에서 해고된 고흐는 영국에서 잠시 어학교사를 했고, 그 후 네덜란드의 도르트레히트에 있는 서점에서 근무했다.

　고흐는 목사가 되려고 벨기에 브뤼셀 지방의 타켄 전도사 양성학교에서 공부했다. 그는 3개월의 연수기간이 끝난 뒤, 벨기에 남서부의 탄광 지역인 보리나주로 선교하러 갔다. 그러나 지나치게 헌신적인 생활태도가 문제가 되어 오히려 쫓겨나고 말았다.

　그 뒤 그는 그림을 그리기 시작했고, 1880년에 벨기에 브뤼셀 미술학교에서 6개월간 미술공부를 했다. 그때부터 고흐의 4살 아래 동생인 테오가 구필 화랑 파리 지점에 근무하면서 그의 생활비를 대기 시작했다. 그는 그림을 그리면서도 셰익스피어, 하이네, 키츠, 위고, 롱펠로우, 디킨스, 스토우 등의 문학에 깊이 빠졌다. 특히 프랑스 탄광지역을 다룬 에밀 졸라의 장편소설 《제르미날》은 그에게 깊은 감명을 주었다. 그가 귀족이나 귀부인이 아닌 농부, 광부, 직조공, 우편집배원처럼 가난하고 소외된 사람들을 주로 그린 것도 그 영향 때문이었다.

고흐는 1886년 3월 동생 테오가 있는 프랑스 파리로 가서 그림을 그렸으며, 2년 뒤인 1888년 2월에 아를로 갔다. 그해 10월 아를에 온 고갱과 2개월 동안 함께 일했으나, 성격이 맞지 않았다. 결국 고흐는 고갱과 다툰 뒤 자신의 왼쪽 귀를 잘랐다. 결국 몇 주일 뒤, 정신이상 증세를 보여 생 폴 드 모졸 정신병원에 1년 동안 입원했다. 그는 그곳에서도 그림을 계속 그렸다.

고흐는 10년간 875점의 유화와 1100여 점의 데생을 그렸다. 그러나 그가 살아 있는 동안 판 작품은 죽기 직전에 400프랑을 받고 내준 〈붉은 포도밭〉 단 한 점뿐이었다. 그래서 그는 항상 가난에 시달렸으며, 평생 동생 테오에게 생계를 의존할 수밖에 없었다. 이런 무기력함 때문에 그의 병은 더욱 깊어만 갔고, 마침내 권총 자살을 시도해 이틀 뒤인 1890년 7월 29일에 세상을 떠났다.

고흐는 화랑에 근무하던 1872년 8월부터 그가 세상을 뜬 1890년까지 18년 동안 테오에게 668통의 편지를 썼다. 어머니와 누나에게 쓴 편지까지 포함하면 800통이 넘는다. 한편 1987년 11월 12일, 고흐가 그린 〈붓꽃〉은 소더비 예술품 경매장에서 3억 2천만 프랑(약 768억 원)에 팔려 세계에서 가장 비싼 그림으로 기록되었다.

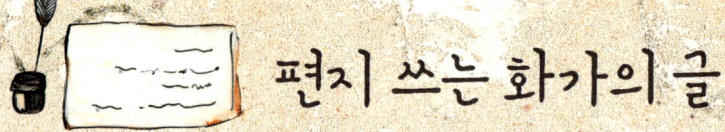

편지 쓰는 화가의 글

테오에게

잘 지내지? 진지하게 그림을 그리기 시작하면서 좋은 결과가 바로 나타나고 있어. 이제 내 데생을 보고 "이건 과거에 그린 그림이잖아."라고 말하는 사람은 없을 거야. 내가 재미로 아팠던 것은 아닌가 봐.

새벽 4시면 잠에서 깨어나 창가에 앉아. 그리고 목초지와 목수의 작업장, 일터로 나서는 사람들, 들판에서 커피를 끓이기 위해 불을 피우는 농부들을 스케치하지. 그런 내 모습을 상상할 수 있겠니? 하얀 비둘기 떼가 연기 피어오르는 굴뚝 사이의 붉은 타일지붕 위로 날아오르고 있어. 그 너머로 섬세하고 부드러운 초록의 초원이 수백 미터 펼쳐지고, 코로나 반 호이엔 등의 그림에서 볼 수 있는 평화롭고 조용한 회색 하늘이 보여.

이른 아침, 지붕과 지붕의 선이 엮어내는 굴곡과 그 사이에 자라는 풀들을 바라봐. 잠에서 깨어났다는 걸 느끼게 하는 삶의 신호들 – 날아오르는 새, 연기 피어오르는 굴뚝, 저 멀리 아래쪽에서 왔다 갔다 하는 사람들의 모습이 지금 작업 중인 그림의 주제야. 네가 그걸 좋아했으면 해.

성공할 수 있을지 여부는 내가 어떻게 작업하는가에 달려 있어. 지금처럼 계속 작업할 수만 있다면, 조용히 싸움을 계속해 나갈 거야. 작은 창문 너머로 평온하고 자연스러운 풍경을 바라보고, 신념과 사랑으로 그것을 그리는 싸움 말이야. 그리고 될 수 있으면 그림 그리는 데 방해가 되는 여러 가지 문제를 피해 갈 생각이야. 그림을 너무 사랑하기 때문에 그림 이외의 어떤 것에도 주의를 빼앗기고 싶지 않아. 안녕.

1882년 7월 23일 빈센트 형이

사랑하는 어머니께

그간 안녕하셨어요? 며칠 전부터 어머니께 답장을 쓰려 했지만, 아침부터 밤까지 그림을 그리느라 정신이 없어서 편지 쓸 틈을 내지 못했어요. 시간이 어찌나 잘 가는지요. 어머니께서도 요즘 저처럼 테오와 제수씨 생각을 많이 하실 거라 생각해요. 무사히 아이를 낳았다는 소식을 듣고 어찌나 기쁘던지요. 윌이 도와주러 가 있다니 정말 다행이에요. 사실 전 태어난 조카가 아버지 이름 따르기를 무척 원했어요. 요즘 아버지 생각을 많이 하고 있거든요. 하지만 이미 제 이름을 땄다고 하니, 그 애를 위해 침실에 걸 수 있는 그림을 그리기 시작했어요. 파란 하늘을 배경으로 하얀 아몬드 꽃이 만발한 커다란 나뭇가지 그림이에요.

어제는 브뤼셀에서 제 그림이 400프랑에 팔렸다는 소식을 테오가 전해줬어요. 다른 그림이나 네덜란드의 물가를 생각해 본다면 얼마 안 되는 돈이지만, 그럴수록 제대로 된 가격에 팔릴 작품을 계속 만들어 낼 수 있도록 열심히 노력할 생각이에요. 자신이 먹을 빵을 직접 일해서 벌어야 한다면 저는 아주 많은 돈을 벌어야만 해요.

저는 이번에 그림을 판 행운 덕분에 테오를 보러 파리로 가고 싶은 생각이 더더욱 나요. 의사들 덕분에 이곳에 올 때보다 더 차분하고 건강해진 모습으로 떠날 수 있게 되었어요. 이제 병원 밖의 세상에 익숙해지려 노력해야겠죠. 어쩌면 제가 다시 자유롭게 지내면서 일이 더 힘겨워질 수도 있겠지만, 희망을 가지려 노력하고 있어요. 그럼 안녕히 계세요.

1890년 2월 15일 아들 빈센트 올림

관찰 기록문으로 진화론 밝힌 다윈

1860년 여름. 자욱한 안개가 영국 남동부의 도버 항구를 감싸고 있다. 여기서 프랑스 칼레 항구까지는 직선거리로 34킬로미터 밖에 떨어져 있지 않다. 맑은 날이면 저 멀리로 프랑스가 어렴풋하게 보일 텐데.

오늘은 〈어린이 해양 탐험대〉를 실은 영국 해군 군함이 도버 항을 떠나 일주일간 무인도를 탐험하는 행사가 열리는 날이다. 젊은 해군 장교의 자녀들 중 과학 성적이 우수한 소년과 소녀 30명이 탐험대원으로 뽑혔다. 난 이 탐험대 어린이들의 호기심과 의문을 풀어주는 임무를 받고 초청됐다.

"야호! 드디어 출항이다."

군함이 안개 낀 도버 항구를 미끄러지듯이 빠져나간다. 들뜬 어린이들이 저마다 한마디씩 한다.

"나도 로빈슨 크루소처럼 무인도에서 멋지게 살아야지."

"엄마 보고 싶다고 울지나 마시지, 킥킥."

"어머머, 너무 떨린다, 얘."

"나도 다리가 후들거려. 그래도 기분은 최곤 걸, 호호."

30여 년 전인 1831년 12월 27일, 학술탐사선인 비글호를 타고 데번포트의 플리머스 항구를 떠나던 시절이 아련하게 떠오른다. 스물두 살의 젊은이가 막연한 꿈을 안고 망망대해로 나가던 시절. 지금

로빈슨 크루소 영국의 다니엘 디포가 지은 장편 소설. 주인공인 로빈슨 크루소가 홀로 무인도에 떨어져 표류하여 온갖 모험을 겪고 고국으로 돌아온다는 이야기이다.

생각해도 가슴 설레는 일이었다. 내 인생을 완전히 바꾼 잊지 못할 사건이었지.

항해 이틀째 아침이다. 자그마한 무인도에 내려 먹는 샌드위치 맛이 일품이다. 잠시 후 바닷가 나무 그늘에 탐험대원들이 모두 모여 앉는다. 탐험대장인 케임브리지 대학교 생물학과의 젊은 교수가 어린이들에게 나를 소개한다.

"여러분, 이 분은 작년에 《종의 기원》이라는 책을 쓰셔서 세상을 발칵 뒤집어 놓은 찰스 다윈 선생님이십니다. 박물학, 지질학, 생물학 등을 두루 공부하신 분이니 해양 탐험에 대해 궁금한 게 있으면 무엇이든 질문하시기 바랍니다."

"그게 어떤 책인데, 세상이 발칵 뒤집어졌나요?"

몸집이 큰 남학생이 호기심 어린 눈으로 묻는다. 젊은 교수가 나 대신 친절하게 설명한다.

"모든 동식물은 자연에 적합한 것만 살아남고, 그렇지 않은 것은 사라진다는 내용입니다. 그러면서 모든 동식물은 점점 나은 형태로 변화해 나간다는 겁니다. 바로 진화론에 대한 책이죠."

어린이들이 무슨 말인가 하며 모두 고개를 갸우뚱한다. 하긴 진화론을 한마디로 설명하려니 어렵기도 할 테지. 이쯤 해서 내가 나서야겠다.

"여러분, 수달을 본 적 있죠?"

"네, 너무 귀여워요."

"이 녀석은 사실 족제비와 같은 종류예요. 족제비는 주로 땅에서 살기 때문에 머리가 납작하고 주둥이가 뾰족하지만, 수달은 주로 물에서 생활하기 때문에 수영하기 좋게 머리가 원형이고 코도 둥글며, 눈은 작고 귀는 털 속에 묻혀 있어요. 물갈퀴도 족제비보다 더 발달해서 발가락 끝까지 달려있고요. 사는 곳에 따라 쓰는 기관은 거기에 맞게 진화하고, 안 쓰는 기관은 퇴화하면서 모습이 변하게 된 거죠."

"아하, 주변 환경에 따라 모양이 달라진다는 거네요."

어린이들이 이제 조금 알아듣는 듯하다.

"예를 들어 개미핥기는 땅속에 숨어있는 개미를 잡아먹고 살기 때문에 이빨은 없고 끈적끈적한 침을 분비하는 침샘이 크게 발달했어요. 또 개미를 잡기 쉽게 주둥이는 뾰족하고, 혀는 길죠."

레이스가 달린 모자와 옷으로 한껏 맵시를 낸 여학생이 나선다.

물갈퀴 | 개구리, 기러기, 오리 따위의 발가락 사이에 있는 얇은 막. 헤엄을 치는 데 편리하다.

"사람도 머리를 쓰면 자꾸 진화하고 안 쓰면 퇴화하나요?"

"물론이죠."

"그럼 머리를 너무 쓰면 머리만 커지고, 대신 손발은 뭉뚝하게 작아질 거 아니에요. 어머, 생각만 해도 끔찍해. 앞으로 난 공부를 조금만 해야지. 음음."

그러자 옆에 있던 장난기 많게 생긴 여학생이 톡 튀어나온다.

"애, 넌 매일 거울 앞에 붙어서 치장만 하고, 책은 거의 읽지도 않으면서 뭘 걱정하니? 킥킥."

"흥! 그러는 넌?"

이거 안 되겠다. 내가 나서야겠다.

"진화란 하루아침에 일어나는 게 아니에요. 수백 년 수천 년 동안 천천히 변하게 되는 거예요. 그러니 여러분이 살아있는 동안 눈에 보일 정도로 모습이 확 변하는 건 없다고 봐야겠죠."

"휴! 다행이다. 그럼 공부를 열심히 해도 되겠네요 뭐. 호호."

어린이들이 저마다 킥킥대는 가운데, 안경을 쓴 여학생이 눈을 반짝이며 묻는다.

"그럼 선생님이 진화론을 처음으로 세상에 알린 거예요?"

"아뇨, 그전에도 진화론을 주장한 학자들은 여럿 있었어요. 우리 할아버지이신 에라스무스 다윈도 〈자연의 신전〉이라는 시에서 오늘날의 동식물들이 미생물에서 진화했다는 걸 읊으셨거든요. 그러나 나는 실제 예를 들면서 그 이론이 맞다는 걸 증명한 거죠. 그래서 탐험대장님 말대로 세상이 발칵 뒤집어진 거겠죠. 하하하."

"그럼 동식물이 진화한다는 실제 예는 어떻게 구했어요?"

"난 삼십 년 전에 영국 해군성이 남아메리카, 태평양, 오스트레일리아, 동인도 제도 등지의 수로와 해안선, 그리고 섬과 항구도시의 위치를 측정하기 위해 파견하는 배에 타게 됐어요. 비글호라는 배를 타고 1836년 10월 2일 팰머스 항으로 돌아오기까지 오 년 동안 여러 동식물을 직접 봤거든요."

어린이들의 입이 떡 벌어진다. 하긴 짧은 시간은 아니다. 어떻게 보면 청춘을 다 바쳤다고 해도 틀린 말은 아니다. 그러나 그 탐험이 있었기에 오늘의 내가 있는 게 아닌가. 피부가 까무잡잡하고 제법 어깨가 떡 벌어진 남학생이 불쑥 묻는다.

"어떻게 그 배를 타시게 됐어요?"

"난 의사가 되기 위해 열여섯 살 때 에든버러 대학교 의학부에 들어갔어요. 그런데 마취도 하지 않고 수술하는 걸 보고는 너무도 끔찍해 수술실을 뛰쳐나왔어요. 그리곤 학교를 그만뒀죠."

"그래서요?"

"그 뒤에 목사가 되기 위해 케임브리지 대학교 신학부에 들어갔죠. 그러나 그 공부도 재미가 없었어요. 박물학과 지질학을 공부하는 게 더 좋았거든요."

흰 얼굴에 주근깨가 촘촘히 박힌 여학생이 작은 목소리로 묻는다.

"선생님도 어려서부터 과학을 좋아하셨어요?"

"난 여덟 살 때 런던에 있는 케이스 초등학교에 입학했는데, 그때 어머니가 돌아가셨어요. 너무 슬프고 외로워서 공부할 생각도 안 났어요. 그저 개구쟁이처럼 쥐사냥이나 하고, 강아지랑 놀기만 했죠. 그렇지만 조개껍데기, 광물, 동전, 자갈 같은 걸 수집하고 관찰하기는 좋아했어요."

조그맣지만 단단하게 생긴 남학생이 끼어든다.

"저랑 취미가 비슷하네요, 히히. 그런데 곤충 같은 건 안 모으셨어요?"

"물론 모았죠. 곤충채집이 제일 신나거든요. 한 번은 딱정벌레 세 마리가 한꺼번에 나타났지 뭐예요. 그래서 한 마리는 오른손에 들고, 또 한 마리는 왼손에 들었는데, 나머지 한 마리가 아깝더라고요."

"그래서 어떻게 하셨어요?"

"오른손에 들고 있던 녀석을 얼른 입에 집어넣고, 남은 녀석을 마저 잡았죠, 뭐."

"네에? 그럼 딱정벌레가 입에서 막 움직일 텐데요."

"물론이죠. 움직이는 건 그래도 참을 수 있었는데, 지독한 냄새는 도저히 못 참겠더라고요. 결국 그 녀석을 뱉어버리고 말았어요. 하하하."

어린이들이 모두 배를 잡고 뒹군다. 지금 생각해도 욕심이 지나쳤다. 그러나 그런 열정이 있었기에 오늘날 무언가 이룰 수 있었지 않은가. 새침하게 생긴 금발머리 여학생이 나무라듯이 묻는다.

"그럼 책은 거의 안 읽으셨겠네요?"

"학교 공부는 열심히 안 했지만, 책은 많이 읽었어요. 허셜의 《자연철학 연구입문》을 읽으면서 과학자가 되길 꿈꾸기도 했고, 셰익스

피어의 역사극들이나 바이런의 시들도 많이 읽었어요."

"소설은요?"

"물론 소설도 많이 읽었는데, 비극으로 끝나는 건 너무 슬퍼서 싫었어요. 어머니가 돌아가신 뒤로 슬프고 외로운 분위기가 싫었거든요. 그래서 한때는 소설이 비극으로 끝나면 안 된다는 법이 만들어졌으면 좋겠다는 엉뚱한 생각까지 했어요. 하하."

"너무하셨다. 호호호."

"비글호를 탈 때는 라이엘의 《지질학 원론》, 밀턴의 《실낙원》, 워즈 워드의 《소요》같은 책들을 즐겨 읽었고요."

이때 피부가 까무잡잡하

고 어깨가 벌어진 남학생이 다시 묻는다.

"그런데 어떻게 비글호를 타시게 됐어요?"

"아, 미안해요. 말이 옆으로 많이 빗나갔네요. 난 스물두 살 되던 1831년 4월에 대학교를 졸업하고, 8월에 세즈워크 교수와 북웨일즈 지질탐사에 참가했어요. 그리고 마침내 그해 12월에 헨슬로우 교수가 추천해서 박물학자 자격으로 학술탐사선인 비글호에 올랐죠."

대학생이라 해도 믿을 정도로 키가 큰 남학생이 씩씩하게 묻는다.

"오 년 동안 그 배를 타고 다니면서 뭘 얻으셨나요?"

"보고 느낀 것을 적은 열여덟 권의 공책이 남았죠."

어린이들이 다시 웅성거린다. 18권이라는 분량에 놀라는 눈치다. 파란 눈동자의 여학생이 눈을 동그랗게 뜨고 묻는다.

"거기에 뭘 적은 거예요? 일기를 쓰신 건가요?"

"일기가 아니라, 말하자면 관찰기록문이죠. 박물학자로서 세계 각 지역을 탐사하면서 동물, 식물, 광물, 화석, 지질, 각국의 풍습 등을 치밀하게 관찰하고, 사실을 확인하고, 정리하고, 실험하면서 내 생각과 느낌을 적은 거예요."

이때 탐험대장인 젊은 교수가 가방을 뒤적이더니 내가 쓴 책을 자랑스럽게 꺼낸다. 이럴 줄 알고 준비했다는 듯이 미소를 머금고 입을 연다.

"이게 바로 그 공책을 정리한 《비글호 항해기》란 책이에요. 선생님의 글을 제가 한 대목 읽어볼까요?"

"예!"

1835년 10월 8일

우리는 제임스 섬에 도착했다. 먼저 육지 거북의 습성을 쓰겠다. 이것들은 갈라파고스 제도의 모든 섬들에 있는 것으로 보이며, 개체 수도 많은 것이 확실하다. 늙은 수컷 거북이 제일 엄청나게 크고, 암컷들은 크게 자라는 일이 거의 없다. 수컷은 꼬리가 더 길어서 암컷과 쉽게 구별된다. 물이 전혀 없는 섬이나 다른 섬의 건조한 낮은 지대에 사는 육지 거북들은 주로 물이 많은 선인장을 먹고 산다. 높은 지대의 습지에 사는 것들은 나뭇잎이나 시고 단단한 딸기류 열매나 나뭇가지에 걸려 늘어져 있는 실모양의 연한 녹색 이끼를 먹고 산다. 이 육지 거북은 물을 무척 좋아하고 많이 마시며, 진흙 밭에서 뒹군다. 샘에 도착한 거북은 머리를 눈 위까지 잠기게 물에 담그고는 그 커다란 입으로 1분에 10번 정도의 속도로 탐욕스럽게 물을 들이킨다.

어떤 곳을 향해 이동할 때, 육지 거북은 밤이고 낮이고 쉬지 않고 움직여 예상보다 훨씬 빨리 목적지에 도달한다. 거북에 표시를 해놓고 관찰해본 결과, 이곳 주민들은 거북들이 2, 3일에 약 13킬로미터 정도 이동한다고 알고 있다. 내가 본 커다란 거북 한 마리는 길에서 먹이를 먹는 시간까지 포함해 10분에 55미터, 1시간에 330미터, 하루에 6.4킬로미터 정도의 속도로 걸었다. 거북은 10월인 이맘때 알을 낳는다. 모래땅이면 암컷은 한곳에 알을 낳고 모래로 덮는다. 하지만 땅이 돌투성이인 곳이면 어느 구멍이든 알을 낳아 넣는다. 알은 흰 공 모양인데, 내가 잰 것은 둘레가 18.7센티미터로 달걀보다 컸다. 갈라파고스 제도의 육지 거북은 물이 전혀 없는 작은 섬까지 포함해 거의 모든 섬에서 발견되는 것으로 보아 의심할 바 없이 이곳의 토착 동물이다.

파란 눈동자를 가진 여학생의 눈이 여전히 동그랗다.
"와, 이런 글을 오 년 동안이나 계속 쓰셨어요?"
"자연에 대한 호기심과 놀라움이 있어서 가능했어요. 썰물 때 따가운 태양을 받으며 물웅덩이에 발을 담근 어느 날이었어요. 그때 내 발에 살아있는 산호의 느낌이 전해오더라고요. 그 감격을 잊을 수 없었어요. 난 보고 듣고 느낀 걸 자세하고도 생생하게 기록하려고 했어요. 그리고 자료들은 수납장에 주제별로 분류해서 보관했고요."
단발머리 여학생이 방끗 웃으며 묻는다.

갈라파고스 제도 태평양 동부, 적도 바로 밑에 있는 화산섬의 무리. 에콰도르 령으로 특이한 새와 파충류가 많이 사는 곳이다.

"선생님은 탐사 여행을 하면서 어느 곳이 제일 맘에 드셨어요?"
"모든 곳이 다 좋았지만, 조금 전에 탐험대장님이 읽은 제임스 섬이 가장 인상 깊었어요."
"왜 그렇죠?"

"난 갈라파고스 제도에 한 달간 머무르면서 섬마다 다른 동식물이 산다는 걸 발견했거든요."

"예를 들면요?"

생김새와 달리 무척 집요한 학생이다. 훌륭한 과학자가 될 소질을 가지고 있다.

"핀치새는 갈라파고스 제도의 여러 섬에 사는데, 먹이의 종류에 따라 부리 모양과 두께가 다른 거예요. 뭉툭한 부리를 가진 핀치는 주로 큰 낱알을 먹고, 날카로운 부리를 가진 핀치는 작은 벌레를 주로 먹더라고요. 그걸 발견하는 순간 깜짝 놀랐죠."

"햐! 정말 놀랍네요."

"그뿐이 아니었어요. 거북의 등딱지 무늬도 섬마다 다른 거예요. 식물도 섬마다 달랐고요. 그래서 난 모든 동식물은 원래는 같은 모습이었는데, 시간이 흐르면서 환경에 맞는 모습으로 변했다는 걸 알게 됐어요. 여러 학자들이 그전에 막연하게 주장했던 진화론을 과학적으로 증명할 수 있게 된 셈이죠."

그러자 어린이들이 모두 박수를 치며 즐거워한다. 마치 자기들이 진화론에 대한 이론을 세우고, 증명한 것처럼. 날렵하게 생긴 모자를 쓴 남학생이 감탄하며 묻는다.

"우와! 선생님은 정말 천재세요. 저 같으면 보고도 그냥 지나쳤을 텐데요. 헤헤."

"난 천재가 아니에요. 워낙 기억력이 없어서 시도 잘 못 외웠는걸요."

"치! 그럼 어떻게 진화론 같은 걸 밝혀요?"

"난 탐사하는 오 년 동안 공책을 옆에 끼고 다녔어요. 그리고 치밀하게 관찰하고, 끈질기게 의문을 갖고, 꼼꼼하게 기록했어요. 그리고 오늘 관찰한 것이 지난번 것과 어떤 점이 같고 다른지를 비교했어요.

내가 세상을 놀라게 했다면, 그건 바로 관찰기록문 덕분이죠."

바닷물과 같은 파란색 반팔 셔츠를 입은 여학생이 나선다.

"관찰기록문은 어떻게 써야 하나요?"

"우선은 사실을 있는 그대로 기록하겠다는 마음가짐이 필요해요. 그러려면 내 생각대로 사물을 봐선 안 되겠죠. '이건 아마 이럴 거야' 라고 추측하거나, '그건 다 그렇지 뭐' 하고 미리 결정하는 건 과학자의 태도가 아니니까요."

"그럼 눈에 보이는 대로 기록만 하면 되나요?"

"거기에 내 생각과 느낌을 덧붙여야겠죠. 눈에 보이는 사실도 중요하지만, 내가 그걸 어떻게 보았느냐가 더 중요하기 때문이에요. 많은 사람들이 같은 장소에서 같은 사물을 보고 기록문을 쓰지만, 글은 모두 다르거든요."

"아하! 자기만의 개성이 있어야 한다는 말씀이죠?"

"맞아요. 세상을 바라보는 자기만의 독창적인 눈이 있어야 좋은 글을 쓸 수 있어요."

어린이들이 고개를 끄덕인다. 자그마한 수첩으로 부채질을 하던 여학생이 공손하게 묻는다.

"혹시 글을 쓰는 순서가 있나요?"

"난 글을 쓸 때, 우선 두세 쪽의 개요를 써요. 전체 글의 줄거리인 셈이죠. 그다음에 제목을 정하고, 전체 내용을 생각나는 대로 쭉 써 나가요. 그런 다음 내가 쓴 글을 다시 압축해서 바싹 줄이죠. 《종의 기원》도 원고대로 책을 만들었다면 아마 몇 권은 족히 됐을 거예요."

"그렇게 압축하면 어떤 점이 좋아요?"

"처음에 애매하던 생각이 나중엔 구체적으로 정리가 되거든요. 군더더기가 없어지고요. 물론 모든 사람들이 나처럼 글을 쓸 필요는 없어요. 자기에게 맞는 방법이 중요하니까요."

탐험대에 걸맞는 둥근 모자를 쓴 남학생이 큰 목소리로 묻는다.

"그럼 《비글호 항해기》가 나온 다음에 바로 《종의 기원》을 쓰셨겠네요?"

"그렇지 않아요. 1839년 《비글호 항해기》가 출판된 지 이십년 만에야 《종의 기원》이 나왔어요."

"왜 그렇게 오래 걸렸어요? 이론을 다 세우셨다면서요."

"내가 좀 게으르긴 했어요. 《종의 기원》 원고는 1842년 6월에 35쪽 분량으로 썼어요. 그 뒤 1844년 여름에 230쪽으로 정리했고요. 그런 다음 1858년에 인도네시아 말레이 제도에 있던 우리나라의 생물학자인 알프레드 월리스가 나와 비슷한 연구를 한다는 말을 들었어요."

호리호리한 여학생이 두 손을 모으며 조마조마해 한다.

"그럼 선생님 연구는 물거품이 되는 거 아닌가요?"

"맞아요. 남들이 이미 연구한 걸 다시 하는 건 의미가 없죠. 그래서 난 열석 달 동안 밤잠도 제대로 안자면서 연구에만 몰두했어요."

"그래서요?"

"드디어 내가 쉰 살이 되던 작년에 《종의 기원》을 출판했죠 뭐, 험험."

순간 아이들이 일제히 탄성을 지른다. 연신 땀을 닦으며 듣고 있던 뚱뚱한 남학생이 묻는다.

"선생님처럼 유명한 과학자가 되려면 어떻게 해야죠?"

"글쎄요. 우선은 과학을 사랑해야겠죠."

"어떻게요?"

"난 어려서부터 자연을 관찰하고 수집하는 데 푹 빠져 지냈어요. 끈기와 인내와 상상력을 가지고 말예요. 난 진화론에 대한 생각을 오래 전에 했지만, 치밀하게 준비하고 오래 생각한 뒤에야 비로소 놀라운 결론에 도달할 수 있었거든요."

이때 갑자기 뒤쪽에서 환호가 터진다.

"와! 토끼다."

"어디, 어디."

주로 굴을 파고 사는 유럽 굴토끼 한 마리가 환호성에 놀라 후다닥 뛰기 시작한다. 고개를 쭉 뺀 남학생이 급히 묻는다.

"선생님, 이 무인도에 사는 저 토끼와 우리 집에서 기르는 토끼는 다른가요?"

"그걸 관찰하고 연구하는 게 여러분의 임무 아닌가요? 자, 이제 이 섬을 탐험해볼까요? 어린이 탐험대 파이팅!"

"파이팅!"

어린이들이 입을 모아 큰 소리로 대답하고는 씩씩하게 나선다. 내일의 과학자가 될 탐험대원들의 눈이 밝게 빛난다. 안개가 걷힌 하늘에 높이 뜬 태양이 그 어느 때보다도 뜨겁다.

다윈 자연에 대한 호기심을 풀다

　찰스 다윈은 1809년 2월 12일 영국의 서부지방인 슈루즈베리에서 태어났다. 내과의사인 아버지 로버트 워링 다윈과 어머니 스잔나 다윈 웨지우드의 2남 4녀 중 다섯째였다. 그는 자잘한 것들을 모으는 취미를 가지고 있었고, 신기하고 낯선 생물에 호기심이 많았다. 그러나 의사가 되기를 원하는 아버지의 뜻에 따라 에든버러 대학교 의학부에 입학했다. 다윈은 마취기술이 발달하지 못해 수술 받는 환자가 비명을 지르자 너무 끔찍해 수술실에서 뛰쳐나왔다.

　다윈이 의학에 흥미를 보이지 않자, 그의 아버지는 그를 목사로 만들려고 케임브리지 대학교 신학부에 보냈다. 그러나 다윈은 식물학자인 스티븐스 헨슬로우 교수와 친하게 지내면서 박물학, 지질학, 생물학에 깊이 빠져들었다. 1831년 봄, 대학을 졸업한 그는 지질학자인 아담 세즈워크 교수와 함께 북부 웨일즈 지방의 지질을 조사했다.

　1831년 여름, 영국 해군성은 2년 예정으로 남아메리카, 태평양, 오스트레일리아, 동인도 제도 등의 수로를 조사하고, 경도를 측정하기 위해 영국전함인 비글호에 탈 사람을 모집했다. 나폴레옹을 물리친 영국이 세계 최강국이 되어 세계 각지를 조사하고 연구할 때였다. 결국 다윈은 그해 12월, 헨슬로우 교수의 추천으로 학술탐사선 비글호에 박물학자 신분으로 승선했다. 그가 탄 비글호는 1831년 12월 27일 영국 남부에 있는 데번포트의 플리머스 항구를 떠나, 예정된 2년을 훨씬 넘긴 1836년 10월 2일 팰머스 항구로 돌아왔다.

　다윈은 항해를 마치고 귀국한 후, 학문적 업적을 인정받아 1838년에 영국 지질학회의 서기가 됐고, 이듬해에는 영국 왕립학회 회원이 됐다. 1839년 1

월에 엠마 웨지우드와 결혼해 6남 4녀를 낳았으나, 그중 7명만 성장했다.

그는 고향에 돌아온 후 비글호 탐사여행에서 수집해 온 표본들을 정리하는 한편, 관찰기록문을 책으로 만들 준비를 했다. 특히 1835년 9월 15일부터 10월 20일까지 갈라파고스 제도에 머물면서 탐사한 것은 그가 진화론에 대한 생각을 굳히는 결정적인 계기가 됐다. 비글호 탐사여행을 하면서 메모한 것을 바탕으로 1839년에 《비글호 항해기》를 출판했는데 그가 쓴 글 중에서 가장 문학적인 책으로 볼 수 있다. 그는 마침내 1859년에 진화론을 밝힌 《종의 기원》을 출판했다.

이 외에도 그는 《사육, 재배하는 동물과 식물의 다양성》, 《인간의 유래와 성에 따르는 선택》, 《인간과 동물의 감정표현》, 《덩굴식물의 운동과 생태》, 《식충식물》, 《식물계에서 타화수정과 자화수정의 영향》, 《동일종에 존재하는 다른 형태의 꽃》, 《식물의 운동력》, 《땅속 벌레들의 활동에 의한 부신토의 형성》 등의 책을 썼다. 다윈은 1882년 4월 19일, 73살의 나이로 세상을 떠나 웨스트민스터 사원에 묻혔다.

진화론 밝힌 생물학자가 쓴 글

비글호 항해기

다윈이 1831년 12월부터 1836년 10월까지 영국의 해군 측량선인 비글호를 타고 세계를 항해하며, 보고 듣고 관찰한 자연과 풍속을 정리한 박물지 성격의 책이다. 이 책에는 생물학, 지질학, 의학, 기상학에 관한 내용뿐만 아니라, 가는 곳마다 그 지역에 사는 사람들의 모습과 생활을 자세히 기록하고 있다.

비글호의 본래 임무는 생물학적, 지질학적 탐사가 아니라, 해군 지도의 정확한 도표를 작성하기 위해 조류를 조사하는 것이었다. 따라서 지표의 위치와 해안에서 가까운 바다의 수심과 해류의 방향, 세기 등이 정확하고 꼼꼼하게 기록되었다. 그러나 이 책은 원래의 목적보다는 전혀 예상하지 못했던 진화론을 탄생시키는 결정적인 계기가 됐다.

항해하면서 쓴 18권의 공책을 바탕으로 1839년에 출판되었으며, 역사상 가장 위대하고 흥미진진한 관찰기록문으로 평가됐다. 다윈이 쓴 많은 논문과 책 가운데에서 가장 재미있는 것으로, 자신이 "나의 최초의 문학적인 작품이 성공해서 어떤 다른 책보다도 나를 기쁘게 해준다."고 할 정도였다. 이 책은 1839년에 초판, 1845년에 2판, 1860년에 3판이 나왔다.

인간의 유래

원래 제목은 《인간의 유래와 성에 따르는 선택》으로 1871년에 출판됐다.

제1부에서는 인간이 처음부터 인간으로 창조된 것이 아니라, 하등 동물에서 유래되었다고 주장한다. 인간은 원숭이와 같은 유인원을 닮은 조상에서 유래했다는 것이다. 제2부에서는 진화에는 자연선택 뿐만 아니라 성선택도 작용한다고 주장한다. 수컷 새의 깃털이 아름답게 발달하고, 수컷 노루의 뿔이 크게 발달하게 된 것은 암컷이 이것들을 보고 짝을 선택해왔기 때문이라는 것이다. 제3부에서는 1부와 2부의 두 주제를 종합하면서 인간에게도 성선택이 일어날 수 있다는 점을 강조한다.

다윈이 이러한 생각을 굳히게 된 것은 그가 비글호를 타고 탐사여행을 할 때, 티에라델푸에고 제도에서 본 미개인들에 대한 끔찍한 경험에서 비롯되었다. 다윈의 눈에 비친 그들의 모습과 행동은 마치 오랑우탄과 같았고, 심지어 사람을 잡아먹는 야만적인 동물처럼 보였던 것이다. 결국 이 책은 인간이 신에 의해 창조되었는가, 아니면 하등 동물로부터 진화하였는가에 대한 엄청난 논쟁을 불러일으켰다.

종의 기원

다윈이 1859년 쓴 생물의 진화에 관한 14장의 책이다. 원래 제목은 《자연선택에 의한 종의 기원에 대하여》로 1839년에 출판된 《비글호 항해기》가 밑거름이 됐다.

다윈은 1858년 7월 1일 린네 학회에서 아일랜드의 생물학자인 알프레드 월리스와 함께 진화론에 대한 논문을 공동으로 발표했다. 다윈이 진화론에 대한 연구를 하고 있는 것을 알고 있던 라이엘 경과 후커 박사가 월리스의 진화론에 관한 논문을 보고 함께 발표하도록 권해서 이루어진 일이었다. 그 뒤 다윈은 진화론 연구에 온 힘을 다 쏟아 그간 준비한 초고와 자료들을 정리해 이 책을 출판됐다. 그는 이 책에서 자연선택을 진화의 주요 원인으로 보아 생물학 발전에 큰 영향을 끼쳤다.

비글호 탐사여행에서 돌아온 다윈은 1838년 맬더스의 《인구론》을 읽고 자연계의 생존 경쟁에 주목했다. 그는 어느 종이든 생존할 수 있는 것보다 훨씬 많은 개체가 생기며, 이로부터 적자생존과 자연선택이 일어나게 된다는 원리를 굳게 믿었다. 모든 생물들은 환경에 적응하며 변하게 되는데, 자신의 생존과 번식에 유리한 변이를 한 것만이 경쟁에서 살아남아 후대로 전해진다는 것이다. 부모가 가지고 있는 유전자가 자식에게 전해질 때에도 주위 환경에 보다 잘 적응하는 것만이 선택되어 살아남음으로써 진화가 일어난다고 주장한 것이다. 이 책은 초판이 나오자마자 1250부가 그날로 다 팔렸을 정도로 세상의 관심을 끌었다.

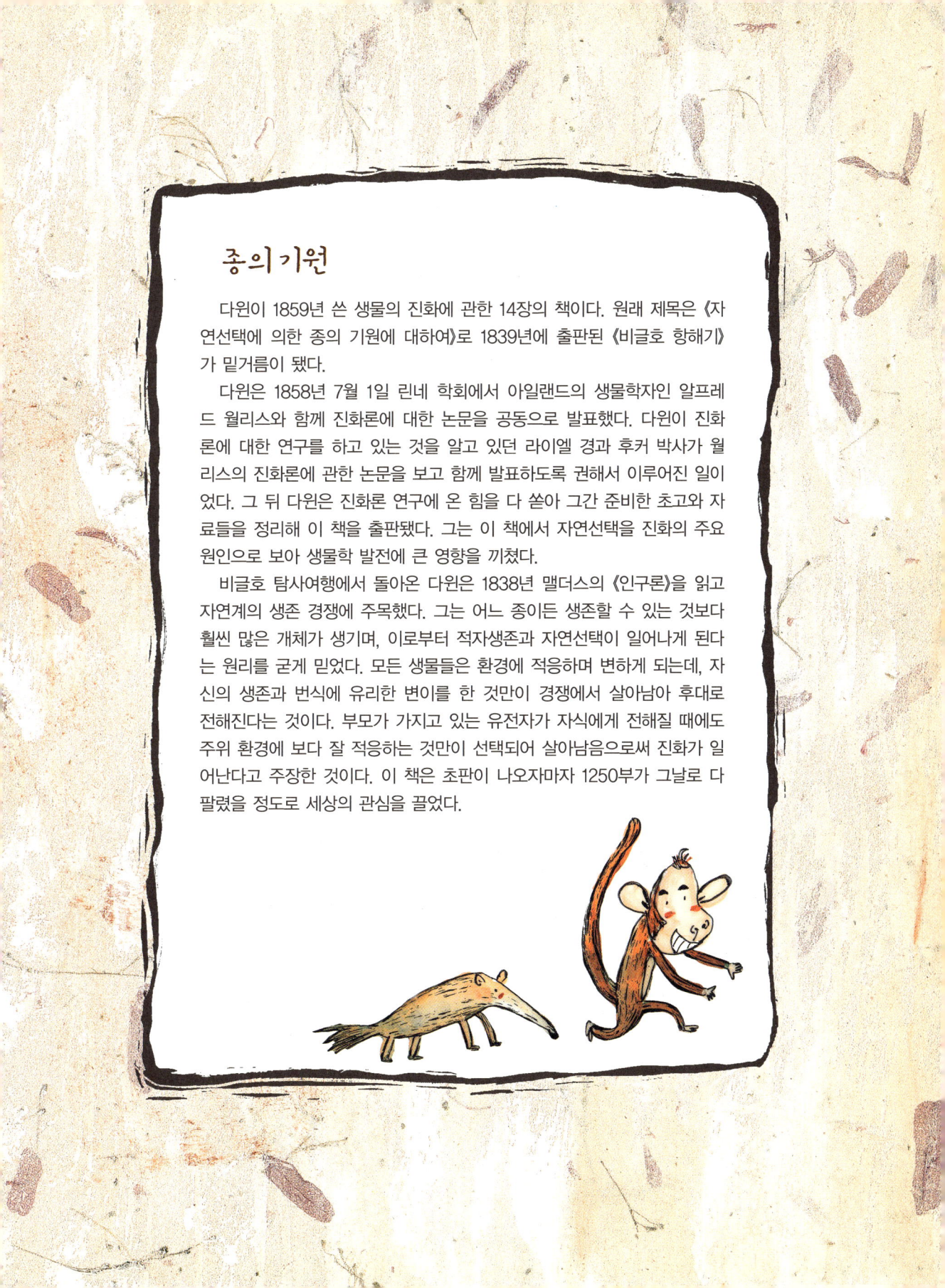

호소문으로 환경을 지킨
레이첼 카슨

"자연을 살리자고, 이 연사, 강력히, 강력히, 외칩니다!"
'짝짝짝.'

두 손을 높이 치켜든 어린 연사를 향한 환호성과 박수 소리가 강당을 가득 채운다. 내 조카의 아들인 로저 크리스티가 연설을 마치고 의젓하게 단상에서 내려온다.

내가 스물아홉 살 때 나보다 열 살 위인 마리안 언니는 두 딸 마조리와 버지니아를 남겨두고 세상을 떠났다. 결혼을 하지 않은 난 그 두 조카를 딸처럼 키워왔다. 그러나 마조리 역시 6년 전에 병으로 죽고 말았다. 아버지 없이 태어난 다섯 살 난 로저만 남겨둔 채. 난 그때부터 로저를 친손자처럼 키우고 있다.

1963년, 화창한 봄날이다. 워싱턴 D. C.에서 열린 〈전국 어린이 웅변대회〉에 참가한 로저와 난 열차를 타고 메릴랜드 주의 실버스프링에 있는 집으로 돌아가는 길이다. 올해 열한 살 난 로저가 차창 밖으로 펼쳐지는 산과 들과 강의 풍경에 온정신이 팔려있다.

"이모할머니! 저기 봐요. 사슴이에요."
"오호. 그렇구나."

들판을 뛰노는 사슴과 숲으로 날아드는 꾀꼬리, 그리고 야산에 깔린 데이지가 언제까지 저리 생생할 수 있을까. 화학약품으로부터 저들을 지킬 수 있는 방법은 없는 것일까. 한참 동안 차창에 매달려 자연의 놀라운 광경에 취해있던 로저가 잠시 숨을 고른다.

"이모할머니, 배고파요."

이때다 싶어 재빨리 당근과 오이를 꺼내자, 녀석이 손으로 입을 막는다. 편식을 하는 녀석과 실랑이 끝에 간신히 몇 쪽을 먹인다. 잠시 후 '짠!' 하며 햄버거를 보여주자, 녀석이 좋아서 펄쩍펄쩍 뛴다. 주변에 있는 승객들의 곱지 않은 눈초리보다도 기차가 탈선할까 봐 걱정이다.

햄버거를 맛나게 먹던 녀석이 갑자기 심각해진다.

"전 아무래도 돼지랑 친구해야 할까 봐요."

"그게 무슨 말이니?"

"먹을 땐 기분이 최곤데, 친구들을 만나거나 발표하거나 할 때는 가슴이 콩당콩당 뛰거든요."

녀석이 어려서 엄마를 잃고, 형제도 없이 홀로 지내는 시간이 많다 보니 소심해지긴 했다. 그래서 난 요즘 자신감을 키워주기 위해 녀석을 웅변학원에 보내고 있다. 이번 웅변대회에 참석한 것도 그 때문이다.

"이모할머니 사람들 앞에서 말씀도 또박또박 잘하시잖아요. 지난번 텔레비전에 나올 때에도 참 멋지게 말씀하시던데, 어떻게 하면 이모할머니처럼 될 수 있어요?"

"너도 아까 멋지게 웅변을 했잖니. 자신을 가지렴."

"이모할머니 저만할 때부터 그렇게 씩씩하셨어요?"

사실 난 몇 년 전부터 유방암으로 고생하고 있다. 가끔씩 밀려오는 격렬한 고통은 세상의 어떤 악보다도 두렵다. 언제 쓰러질지 모르는 연약한 몸으로 오늘도 자연을 보호하기 위해, 환경을 지키기 위해 굳건히 버티고 서있을 따름이다.

"글쎄다. 난 씩씩하진 않았지만, 자신은 있었단다."

"어떻게 하면 자신이 생겨요?"

"음. 꿈을 갖는 거야. 난 어려서 외로운 편이었어. 마리안 언니는 나보다 열 살이나 많았고, 로버트 오빠도 여덟 살이나 많았거든."

"그럼 잘 안 놀아줬겠네요. 에이, 심심했겠다."

녀석이 소심하긴 해도 눈치 하나는 참 빠르다.

"새와 동물과 나무와 꽃이 모두 친구였는데 뭘. 난 그 시절에 자연을 만나는 게 가장 행복했어."

"그럼 집에 있을 때는요?"

"그땐 책을 읽었어. 《성경》에 관한 이야기들이나, 인디언의 슬픈 운명을 그린 《모히칸족의 최후》, 그리고 자연을 사랑하는 고아소년이 등장하는 《주근깨》 같은 책을 읽었단다. 내 애완견인 캔디와 팻에게 책을 읽어 주기도 하고."

"히히. 개한테요?"

애완견이라는 말이 나오자, 녀석에게서 생기가 돈다. 아이들에게 살아있는 자연을 물려줘야 하는 이유가 여기 있다.

"이모할머닌 왜 책을 읽으셨어요? 전 책만 잡으면 졸린데."

"난 어려서 작가가 되고 싶다는 꿈을 꾸었단다. 내 주변에서 볼 수 있는 동물들 이야기나 내가 보고 듣는 사람들 이야기를 쓰고 싶었거든."

"어릴 때부터 작가가 될 꿈을 꾸셨어요?"

녀석이 어지간히 놀란 모양이다. 떡 벌어진 입을 다물지 못하고 있다. 이왕 일이 이렇게 된 김에 오늘 녀석에게 꿈을 이루어 가는 길에 대해 일러줘야겠다. 중병을 앓고 있는 내게 언제 또 다시 이런 기회가 올지 모를 일이니 말이다.

"난 학교에 가기 전에 우리 아버지를 위한 열 쪽짜리 그림책을 만들었단다. 《카슨 씨에게 바치는 작은 책》이라는."

"네에? 채, 채, 책을 만들어요?"
이번엔 녀석의 눈마저 동그래진다.
"거창한 책이 아니라, 간단한 그림책이었어. 숲속에서 만난 친구들을 크레파스와 색연필로 그린 거야. 쥐, 개구리, 올빼미, 카나리아, 물고기 같은 친구들을."
"우아!"
"그리고 여덟 살 때는 〈조그만 갈색집〉이라는 이야기를 짓기도 했지. 굴뚝새 두 마리가 초록색 지붕을 가진 갈색 집에 보금자리를 만든다는 이야기란다."

녀석이 이젠 기차 의자의 손잡이를 붙들고 굳어버렸다.

"어떻게 그런 이야기를 지어 쓸 수 있었죠?"

"책을 많이 읽었기 때문이지. 그리고 난 그때 아주 유행했던 《성 니콜라스》라는 잡지를 보면서 다른 어린이들의 글도 많이 읽었단다. 어린이들이 자연과 더불어 사는 걸 보여주는 잡지였어."

기차가 조그만 역에 도착했다. 내리는 사람, 타는 사람으로 통로가 북적댄다. 주스를 한 잔 마시며 숨을 돌리자, 기차가 승강장을 서서히 빠져나간다. 잠시 후, 다시 화사한 들판이 차창에 가득 찬다.

"그 잡지에는 글 솜씨를 겨루는 리그가 있었는데, 열여덟 살 이하의 청소년들만 글을 낼 수 있었어. 글이 뽑히면 그 잡지에 실어주고, 메달도 줬지."

"거기에 글을 내셨어요?"

"암. 난 열한 살 때, 223회 리그에 〈구름 속의 전투〉라는 글을 보내서 은메달을 받았어."

"우아, 정말요?"

"그때 전쟁터에 나간 로버트 오빠의 편지를 보고 나서, 제1차 세계대전에 관한 이야기를 썼거든. 그 글은 1918년 《성 니콜라스》 9월호에 실렸어. 난 그때부터 전문 작가가 된 셈이지. 호호."

녀석이 박수를 치며 좋아한다. 이제는 놀라움이 아니라 호기심이 드는 모양이다. 녀석이 내 곁에 바싹 달라붙어 묻는다.

"햐! 그럼 내 나이 때 작가가 되신 거네요?"

"그렇고말고. 난 곧바로 227회 리그에 〈젊은 영웅〉이라는 글을 또

냈어. 독일 경비병 눈을 피해 부상당한 미국 병사를 구출하는 이야기였는데, 1919년 1월호에 실렸단다."

"어떻게 그렇게 빨리 쓸 수 있죠? 그다음은요?"

"그해 2월호에는 최전선에서 겨울을 보내는 프랑스 병사가 미군이 참전해서 큰 힘을 얻는다는 〈전선에 보내는 편지〉를 써서 금메달을 받았지. 그리고 8월호에는 해군대장인 듀이가 마닐라 만에서 스페인과 전투해서 승리한 〈유명한 해전〉을 써서 10달러 상금과 영예 회원 자격을 얻었고."

"어릴 때부터 완전히 작가로 대접받으셨네요. 히히."

녀석은 자기가 상을 받고, 인정을 받은 듯이 기뻐한다. 남보다 좀 소심하고 내성적인 이런 아이에게 칭찬이란 얼마나 큰 선물인가.

"난 네 편의 이야기를 써서 글재주를 인정받았어. 그때부터 어려서 품었던 작가의 꿈을 이룰 수 있다는 믿음을 갖게 됐지."

"그럼 그 뒤에도 글을 보내셨어요?"

"지금은 생각만 해도 얼굴이 붉어지는 일이지만, 그때부턴 글을 써서 다른 잡지사에 보냈단다."

"아하, 글을 실어달라고요?"

"아니. 내 글을 사라고."

"네에? 그랬는데요?"

"보기 좋게 퇴짜 맞았지 뭐. 호호호."

"그건 좀 심했네요. 히히히."

지금이니까 웃을 일이다. 그 무렵 우리 집은 너무 어려웠다. 아버

지는 직장이 없었고, 어머니는 한 번에 50센트씩 받고 피아노 레슨을 해서 근근이 생활했다. 공부에 관심이 없던 마리안 언니와 로버트 오빠는 둘 다 고등학교를 중퇴해버렸다.

"그럼 이모할머닌 그 뒤에도 계속 글을 쓰셨어요?"

"난 문학을 공부하려고 대학에 갔는데, 어느 날 생물학에 재미를 느껴서 그때부터 쭉 해양생물학 공부를 하게 됐단다. 하지만 가난 때문에 박사 과정을 마칠 수는 없었어."

"……"

"난 시를 써서 《새터데이 이브닝 포스트》, 《포이트리》, 《우먼스 홈 컴페니언》이라는 잡지사에 보냈단다. 돈이 필요해서 글을 쓴 셈이지. 그러나 그것도 뜻대로 되지 않았어."

신이 나서 어쩔 줄 몰라 하던 녀석이 차분해졌다.

"그런데 하늘이 무너져도 솟아날 구멍은 있다고 1935년 어업국에서 연락이 왔어. 〈바닷속 로맨스〉라는 해양생물에 관한 칠 분짜리 라디오 프로그램의 대본을 써줄 수 있냐는 거였어."

"그래서요?"

"뭐 못 이기는 척하면서 써주기로 했지. 일주일에 19달러 25센트 받기로 하고 말이야. 음음."

"와, 잘됐네요."

"그것뿐인 줄 아니? 그 이듬해엔 어업국 수생생물학자로 뽑혔지 뭐냐. 일주일에 38달러 48센트를 받는 정식 공무원이 된 거야."

"우아, 그럼 월급이 두 배가 됐네요."

사실 그때의 기쁨은 이루 말할 수 없었다. 그해 마리안 언니가 세상을 떠서 나 혼자 두 조카를 키우고, 어머니를 모셔야 했으니까. 자기 일처럼 기뻐하던 녀석이 갑자기 얼굴색을 바꾼다.

"이모할머니, 그럼 글은 쓸 수 없게 된 거 아녜요?"

"다행히 난 야생동물 관리국의 홍보실에 들어갔단다. 거기서 자연에 관한 책자를 만드는 일을 했어. 홍보실의 수석편집자가 돼서는 자연보존활동 시리즈를 제작했지. 인간이 자연보호 구역에서 잘못해서 일어나는 새 서식지 감소, 오염, 전염병, 멸종, 불법사냥 같은 문제들을 파헤쳤어."

"……"

"1947년의 《친코티크》, 《파커 강》, 《마타머스킷》, 그리고 1948년의 《야생동물 자원의 보호》와 1950년의 《베어강》 같은 책들이야."

마침 열차 안 판매원이 지나간다. 땅콩 한 봉지와 큼직한 사탕 하나를 사서 쥐어주니 녀석의 입이 귀에 걸린다. 땅콩을 오독거리며 먹던 녀석이 제법 날카로운 질문을 한다.

"에이, 그건 이모할머니 이름으로 나가는 글이 아니잖아요."

"그건 그래. 그래서 난 1951년에 바다의 신비로움과 핵쓰레기를 버려서 생기는 바다오염문제를 파헤친 《우리를 둘러싼 바다》라는 책을 썼어. 마침내 작가가 되겠다는 꿈을 이룬 셈이지. 난 그 책으로 좀 유명해졌단다."

"어느 정도였는데요?"

"놀라지 말거라. 《뉴욕타임즈》지에 86주 연속 베스트셀러 목록에 들었고, 30개국에서 출판됐으니까. 음음."

"우와! 드디어 작가로 성공하신 거네요."

녀석이 호들갑을 떨자, 전역에서 탄 옆자리의 중년 신사 둘이 우리 쪽을 넘겨본다. 나를 알아보고는 이내 모자를 벗어 예의를 표한다. 반가운 미소 속에 나에 대한 존경심이 묻어난다. 내 의지와 노력을 알아주는 이들이 알게 모르게 있는 것이다. 고마울 따름이다.

"난 그 이듬해 글을 더 열심히 쓰기 위해 공직에서 퇴직했단다. 전문가가 아닌 대중들을 위한 호소력 있는 글을 쓰기 위한 결심이었지. 난 처음엔 돈을 벌기 위해 글을 썼지만, 그때부턴 어렵고 딱딱한 과학을 쉽게 풀어서 세상 사람들에게 알리는 글을 쓰기로 한 거야."

"어떤 책을 쓰셨는데요?"

"작년에 《침묵의 봄》이라는 책을 썼지. 농림부에서 해충을 없애기 위해 디디티 같은 아주 독한 화학약품을 써서 우리 자연이 어떻게 파괴되었는지를 세상에 알린 책이란다."

"그럼 농림부나 그 약을 파는 회사에서 이모할머닐 싫어했을 텐데요."

녀석이 눈치 하나는 정말 빠르다. 이런 눈치를 좀 더 가다듬으면 사물을 꿰뚫어보는 통찰력과 복잡한 것을 풀어헤치는 분석력으로 발전할 수 있으리라.

"물론이지. 벨리스콜 살충제 회사는 내가 농약의 독성을 정확히 모르고 글을 썼다면서 법원에 고소했단다. 그러나 법원에서는 내가 철저한 자료조사를 했고, 내 말이 정확하다는 걸 확인하고는 내 손을 들어줬어."

"햐! 이모할머니가 이긴 거네요."

"그러나 곧이어 미국 농화학 협회에서는 자그마치 25만 달러나 들여 소책자를 만들었어. 내 글이 잘못됐다는 걸 알리겠다고 말이야. 또 〈타임〉지도 내가 독자들에게 너무 겁을 줬다고 나쁘게 평가했지."

"남들이 이모할머닐 싫어하는데, 왜 그런 글을 쓰셨어요?"

"여기 다음 달 청문회에 나가서 말하려고 뽑아놓은 《침묵의 봄》 원고가 몇 장 있는데, 한번 읽어보겠니?"

디디티(DDT) 화학 살충제로 해충을 없애는 데 널리 쓰였으나, 사람의 지방 조직에도 쌓여 악영향을 끼치므로 오늘날은 제조와 사용이 금지되었다.

들판과 숲과 습지에 오직 침묵만이 감돌았다. 생물이란 생물은 모두 떠나 버린 듯 너무나도 고요했다. 오늘날 미국의 수많은 마을에서 활기 넘치는 봄의 소리가 들리지 않는 것은 왜일까?

1958년 살충제가 뿌려졌다. 불개미를 없애려고 사용한 살충제는 디엘드린과 헵타클로였는데, 디디티보다 몇 배 독성이 강하다. 텍사스 주의 하딘 군에서는 화학약품을 뿌린 뒤 주머니쥐, 아르마딜로, 너구리가 빠르게 줄었다. 2년 뒤엔 이런 동물들을 아예 찾아볼 수 없게 되었다. 또한 살충제를 뿌릴 때 새들의 절반이 죽었으며, 땅 위에 살거나 키 작은 관목에 사는 새는 거의 100퍼센트 죽었다. 약을 뿌린지 1년이 지나도 새들의 수는 계속 줄어들었고, 텅 빈 둥지에서는 어떤 노랫소리도 들리지 않았다.

루이지애나 주에서 겨울을 나는 멧도요의 몸속에는 불개미 살충제 성분이 남아있었다. 멧도요는 긴 부리를 이용해 지렁이를 잡아먹기 때문이다. 농약이 살포된 지 6개월이 지났는데도 살아남은 지렁이에게서 20ppm의 헵타클로가 검출됐다. 1년이 지난 후에도 그 수치는 10ppm에 이르렀다. 전멸하지는 않았지만, 불개미 방제 이후 멧도요 새끼의 수가 급격히 줄었다.

미국 서부 지역 사냥꾼들이 가장 분개하는 것은 메추라기가 모두 사라졌다는 것이다. 앨라배마 주의 생물학자들이 3600에이커의 땅에서 찾아낸 메추라기는 13종류 121마리에 불과했다. 농약이 뿌려진 2주일 후에는 메추라기를 비롯해 새들의 90퍼센트가 죽은 것이다. 야생 칠면조 역시 헵타클로가 뿌려지기 전엔 앨라배마 윌콕스 군에서 80마리가 발견되었는데, 농약 살포 후 돌아온 여름에는 알 한 개를 제외하곤 단 한 마리도 발견하지 못했다. 농가에서 키우던 가축과 날짐승과 애완동물들도 마찬가지로 죽어갔다.

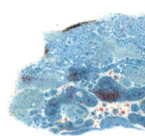

원고를 읽던 녀석의 눈에 눈물이 그렁그렁하다. 제 엄마를 닮아 마음이 따뜻한 녀석이다. 아버지 없는 아이를 낳아 홀로 기르다 병으로 죽은 여리디 여린 마조리를 빼닮았다.

"동물들이 너무 불쌍해요. 훌쩍!"

"이런 글을 왜 쓰는지 이제 알겠니? 환경을 지키는 건 단순히 자연을 보호하자는 게 아니야. 모든 생물들이 제대로 살 수 있는 환경을 만들어야 자연의 일부인 우리 인간들도 잘 살 수 있는 거란다."

"지렁이가 건강해야 그걸 먹고사는 새들이 건강하고, 그 새들이 건강해야 우리도 건강할 수 있다는 말씀이죠?"

"호오, 우리 로저가 이젠 생물학자가 다 됐구나."

머리를 긁으며 쑥스러워 하는 녀석이 보기 좋다. 저런 순수한 마음이 세상을 바꾸는 힘이다. 갑자기 녀석이 주먹을 불끈 쥐며 나선다.

"이모할머니! 저도 세상에 호소하는 글을 써서 자연을 보호하는 사람이 되고 싶어요."

"그러기 위해선 자연을 대하면서 놀라움과 신비로움과 기쁨을 갖는 게 중요하단다. 자연에 대해 아는 것보다 느끼는 것이 중요하지. 넌 어려서 나와 함께 바닷가와 숲을 거닐며 자연을 느꼈어. 네 가슴 속에는 이미 자연이 들어있는 셈이지. 그러니 넌 잘해낼 거야."

"정말요?"

"자연을 느낀 다음엔 자연을 정밀하게 관찰하고, 조사하고, 통계를 내야 한단다. 그러기 위해선 생물학에 대한 풍부한 지식이 있어야겠지. 또한 이런 글은 과학논문이 아니기 때문에 문학적 상상력이 있어야 한단다."

"왜요?"

"일반 대중들이 재미있고도 쉽게 읽을 수 있게 쓰기 위해서지. 그래야 그 글의 호소력도 더욱 커지지 않겠니?"

고개를 끄덕이던 녀석이 불쑥 묻는다.

"이모할머닌 글 쓰는 게 행복하세요?"

"글쓰기는 외로운 모험이야. 새로운 보물을 찾기 위해 홀로 정글을 개척하며 나가는 탐험가라고나 할까. 난 내가 쓴 글을 읽어보고 단어나 문장이 불분명할 때는 다시 쓴단다. 내 글을 소리내 읽어서 부드럽지 않거나, 말이 엉키면 좋아질 때까지 계속 고쳐 쓰지. 그러다 보면 엄청나게 힘들기도 하고, 또 아무리 고쳐도 나아지지 않을 땐 깜깜한 절망감이 밀려오기도 해."

"그런데 왜 글을 쓰세요?"

"난 글을 쓸 때, 마음이 제일 편하거든. 글 쓰는 건 내가 가장 잘할 수 있는 일이고, 내 글이 세상에 뜻 깊은 영향을 줄 수 있다는 생각 때문이지. 많은 사람들이 내 글을 읽으면서 새로운 생각을 하고, 마음을 가다듬고, 삶을 바꿀 수 있다면 그보다 신나는 일이 또 어디 있겠니?"

'삐익! 삐익!'

기적 소리가 요란하다. 실버스프링에 거의 다 온 것 같다. 숨이 가쁠 정도로 빠르게 달리던 기차가 속도를 줄이고 있다. 뒤도 안돌아보고 달려온 내 인생을 보는 듯하다. 그동안 가냘픈 여자의 몸으로 많은 식구들을 부양하며 거대한 세상의 악과 맞서 싸우는데 온 힘을 다 쏟았다. 몸은 기진맥진하여 물 먹은 솜처럼 늘어지지만, 미래의 희망인 로저 같은 어린이들이 있기에 마음만은 상쾌하고 뿌듯하다.

기차가 역에 멈춘다. 따스한 봄날도 저물어간다.

레이첼 카슨
죽어가는 생명을 살리다

　레이첼 카슨은 1907년 5월 27일 미국 펜실베이니아 주의 스프링데일에서 아버지 로버트 카슨과 어머니 마리아 맥린의 사이에서 셋째로 태어났다. 그녀는 언니 오빠와 나이 차가 많아, 어머니와 근처의 숲을 산책하고 독서하며 작가의 꿈을 키웠다. 어려서부터 글쓰기에 힘을 기울였던 카슨은 1925년 파르나수스 고등학교를 수석으로 졸업하고, 영문학을 전공하기 위해 펜실베이니아 여대에 진학했다. 그러나 과학 필수과목인 생물학을 듣던 중, 메리 스콧 스킨커 교수에 반해 3학년 때 전공을 생물학으로 바꾸었다.

　1929년 대학을 수석으로 졸업한 카슨은 우즈홀 해양생물연구소의 하계 장학생이 되었다. 그녀는 대학 졸업 후 고향인 스프링데일로 잠시 돌아왔을 때, 듀케인 전력회사와 서부 펜실베이니아 전력회사로 인해 공기와 물이 오염되고, 과수원과 농장이 황폐화하는 것을 보고 큰 충격을 받았다. 같은 해 존스 홉킨스 대학교에 입학하여 1932년에 생물학 석사학위를 받았다. 그녀는 곧이어 존스 홉킨스 대학교 박사학위 과정에 입학했으나, 가난 때문에 1934년에 공부를 그만 두었다.

　1935년에 아버지가 돌아가시고, 이듬해 언니인 마리안 마저 세상을 떠나 혼자 힘으로 어머니와 조카들을 부양해야 했다. 다행히 카슨은 1935년부터 어업국 직원이던 생물학자 엘머 허긴스의 도움으로 해양생물에 관한 라디오 프로그램 원고를 써서 돈을 벌게 되었다. 그녀는 이 일을 계기로 1936년부터 1952년까지 수생생물학자로서 연방정부의 공무원직에 있었다. 카슨은 홍보실에서 자연보존과 자연자원에 관한 소책자를 만들고, 과학 기사들을 편집했다. 1937년에 메릴랜드 주 실버스프링 우드사이드 파크로 이사해

평생 그곳에 살았다.

　카슨은 1941년에 해양 자연사를 다룬 《바닷바람 아래에서》라는 책을 출판했고, 1951년에는 《우리를 둘러싼 바다》를 출판해 하루아침에 베스트셀러 작가가 됐다. 1952년에 글만 쓰기 위해 어업국을 그만둔 뒤, 1955년 북아메리카 해변의 자연사를 다룬 《바다의 가장자리》를 출판해 유명작가가 되었다. 카슨은 이 책들로 해양 생물학자이자 대중 과학 작가로 이름을 날렸다.

　그녀는 1956년 이후 디디티를 비롯한 살충제가 자연 환경 뿐만 아니라, 인간에게도 심각한 위험이 된다는 사실을 대중에게 알리려고 노력했다. 마침내 1962년 9월 《침묵의 봄》이 출판되어 세계적인 베스트셀러가 되었다. 책이 출판될 무렵 미국 농무부, 화학회사, 대농장주들은 그의 주장을 반박하는 글을 뿌리기까지 했다. 이 문제로 카슨은 CBS 텔레비전 프로그램에 나가 대담하기도 했고, 상원에서 열리는 청문회에 증인으로 참석하기도 했다.

　1964년 4월 14일, 카슨은 유방암을 앓던 중 56살의 나이로 세상을 떠났다. 1980년에 미국정부로부터 자유훈장을 받았으며, 《타임》지에서 선정한 〈20세기를 변화시킨 인물 100명〉 중 한 명으로 뽑히기도 했다.

환경을 지킨 생물학자가 쓴 글

우리를 둘러싼 바다

카슨이 1951년에 출판한 책으로 해양생물학자의 바다에 대한 뜨거운 열정과 여성의 섬세함이 잘 드러난 작품이다. 생물학, 물리학, 화학 등에 대한 전문적인 지식과 뛰어난 상상력이 돋보이는 신비한 바다 이야기이다.

제1부 〈어머니 바다〉에서는 어둠에 싸인 원시 바다를 시작으로 깊은 바다에 사는 해양생물과 바다의 변화, 산이 만들어지면서 일어나는 땅의 움직임, 섬의 탄생과 옛날 바다의 모양을 그리고 있다. 제2부 〈끊임없이 움직이는 바다〉에서는 바람과 물, 그리고 태양과 달의 중력에 의한 밀물과 썰물의 변화를 통해 바다의 물리 이야기를 그리고 있다. 제3부 〈인간과 바다〉에서는 바다를 항해하는 탐험가들의 이야기와 바다가 인간에게 주는 풍요로운 자원을 그리고 있다.

이 책이 호소력을 가질 수 있었던 것은 딱딱한 자연과학 이야기를 쉽게 풀어썼을 뿐만 아니라, 환경을 파괴하는 인간에 대한 경고를 담았다는 데 있다. 그녀는 미국을 포함한 강대국들이 핵쓰레기를 바다에 버려 자연을 파괴하고 있다는 사실을 지적했다. 핵쓰레기 용기의 수명이 다하는 10년 후에는 방사성 물질이 바다로 새나가 해양 동식물의 체내에 흡수되면서 이를 먹는 인간까지 영향을 받는다는 점을 날카롭게 지적했던 것이다.

자연, 그 경이로움에 대하여

카슨이 1956년 《우먼스 홈 컴페니언》 잡지 7월호에 〈당신의 자녀가 자연에서 놀라움을 느낄 수 있도록 도와라〉라는 제목으로 처음 쓴 글들을 모은 것이다. 카슨은 이 글들에 대한 저작권을 어렵게 생활하는 조카인 마조리에게 넘겨주었다. 그러나 이 책은 마조리와 카슨이 모두 세상을 떠난 1965년에야 출판됐다.

이 책에는 어릴 때부터 풍부하게 기른 자연에 대한 감수성이 인간과 자연을 구하게 될 것이라는 믿음이 깔려있다. 카슨의 조카인 마조리와 그 아들인 로저 크리스티가 방문한 여름, 카슨은 로저를 데리고 집 주변의 숲과 바닷가를 거닐었다. 이때 로저는 어린이 특유의 상상력을 보여주면서 카슨과 즐거움을 나누었다. 이 책은 바로 로저와 함께 자연을 느꼈던 시간들을 잔잔하게 그려내고 있다. 그러나 카슨은 로저에게 어느 것도 가르쳐주려고 하지 않았다. 그저 함께 즐거워하고, 흥분하고, 웃으며 느꼈을 뿐이었다. 카슨은 어린이가 보는 세상은 새롭고, 아름답고, 놀라운 일로 가득하지만, 어른들은 순수함이 흐려져 자연과 세상을 바라보는 맑은 눈을 잃었다고 꼬집고 있다.

침묵의 봄

카슨이 인간의 환경파괴 문제를 본격적으로 드러낸 책으로 1962년에 출판됐다. 그녀가 이 책을 쓴 동기는 뉴 햄프셔 주에 사는 헌터라는 사람의 글에 있었다. 유기 원예가인 헌터는 정부가 1957년 봄과 여름에 나방과 모기를 없애기 위해 비행기로 디디티를 뿌리는 것에 강력하게 항의했으나, 받아들여지지 않아 큰 피해를 입은 사실을 《보스턴 헤럴드》지에 실었다. 또한 매사추세츠 주에 사는 조류학자인 카슨의 친구 올가 오웬스 허킨스 역시 디디티 방제 때문에 자신이 기르던 많은 새들이 죽었다고 전해왔다. 1958년 이 소식을 들은 카슨은 살충제 사용의 위험성을 알리는 이 책을 쓸 결심을 했다.

이 책은 평화롭고 아름다운 한 시골 마을이 어느 날 갑자기 질병과 죽음으로 침묵하게 된다는 우화로 시작한다. 이어서 그녀는 투구풍뎅이, 개미, 진드기, 모기 등의 병충해의 발생 문제와 이를 없애기 위한 살충제 사용에 대해 자세하게 말한다. 그리고 이러한 살충제가 동식물에 미치는 피해에 대해 여러 학자들의 연구를 증거로 제시한다. 작은 벌레를 죽이기 위해 사용한 화학약품이 동식물 안에 쌓이고, 그걸 먹는 생명체는 차례로 병들거나 죽어간다는 것이었다.

이 책은 미국 환경운동의 기폭제가 됐다. 1963년 케네디 대통령은 환경 문제를 다룰 자문위원회를 구성했으며, 1969년 미국 의회는 환경정책법안을 통과시켰다. 암연구소는 디디티가 암을 일으킬 수 있다는 증거를 내놓았고, 각 주들은 디디티 사용을 금지하기 시작했다. 이 책은 세계를 대표하는 100인의 석학들이 선정한 〈20세기를 움직인 책 10권〉으로 뽑혔다.

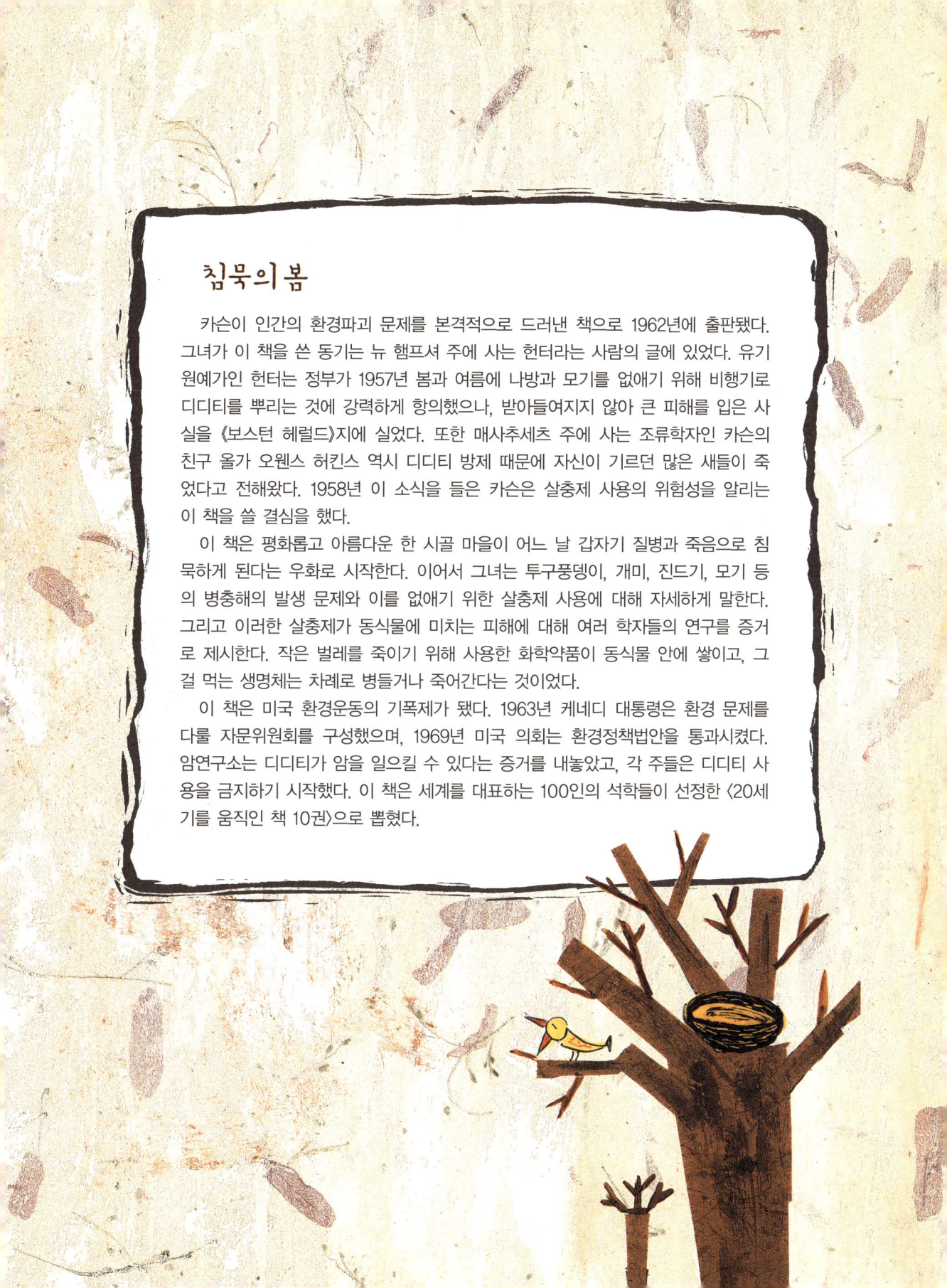

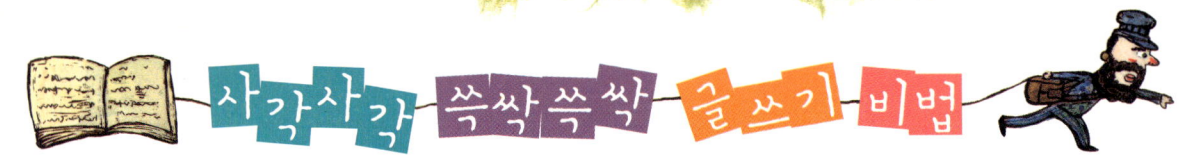# 사각사각 쓱싹쓱싹 글쓰기 비법

정약용
"좋은 시란 멋진 단어를 써서 그럴듯하게 표현한다고 해서 되는 게 아니야. 우선 순수한 마음으로 세상을 있는 그대로 보고, 그 핵심적인 내용을 콕 집어내야 한단다. 그다음에 풍부한 내용과 깊은 뜻을 군더더기 없이 꼭 짜서 표현하는 게 좋은 시를 쓰는 비결이지."

박지원
"좋은 글이란 멋진 단어와 화려한 문장으로 꾸며서 만들어지는 게 아니에요. 세상을 있는 그대로 그려서 사람들이 그 잘잘못을 깨닫도록 하는 일이 중요해요. 그러기 위해서 글 쓰는 이는 언제나 세상을 똑바로 봐야 하고, 누구나 살기 좋은 세상을 만들고자 하는 굳은 마음을 지니고 있어야 하죠."

이순신
"가슴이 답답하고 화나고 슬픈 일이 있을 때, 또 남에게 쉽게 할 수 없는 말이 있을 때, 일기는 좋은 친구가 되지. 그래서 일기를 쓸 땐, 자기의 속마음을 솔직히 털어놓는 게 중요해. 그래야 부글부글 끓어오르던 마음도 편해지고, 날카로웠던 정신도 안정을 되찾게 되거든."

존 밀턴

"상상력이 풍부해야 실제로 살아 움직이는 듯한 서사시를 쓸 수 있겠지. 신이나 영웅이 벌이는 옛날 일을 직접 눈으로 보듯이 말이야. 그러나 자기 맘대로 쓰는 게 아니라, 고전을 바탕으로 해서 우아하고 장엄하면서도 깊은 맛을 내야 해. 또 전체적으로 치밀하게 짜임새를 만들어야 하고. 그래야 재미있거든."

빈센트 반 고흐

"첫머리에 편지받을 사람의 이름을 쓰고, 안부 인사를 해. 날씨나 상대방의 건강을 묻고, 요즘 자기 생활을 잠깐 얘기하면 돼. 그리고 하고 싶은 말이나 용건을 쓰면 되지. 그리고 끝에 작별 인사를 하고, 날짜와 이름을 쓰면 돼. 빼먹은 게 있으면, '추신'이라고 쓰고 덧붙이면 되고. 그러나 형식보다 중요한 건 겸손한 마음, 순수하고 뜨거운 마음, 희망적인 마음이야."

찰스 다윈

"사실을 있는 그대로 기록하겠다는 마음가짐이 필요해요. 거기에 내 생각과 느낌을 덧붙여야겠죠. 눈에 보이는 사실도 중요하지만, 내가 그걸 어떻게 보았느냐가 더 중요하기 때문이에요. 난 글을 쓸 때 우선 두세 쪽의 개요를 써요. 그다음에 전체 내용을 생각나는 대로 쭉 써 나가요. 그리곤 그걸 다시 압축해서 바싹 줄이죠. 그러면 처음에 애매하던 생각이 구체적으로 정리가 되거든요."

레이첼 카슨

"환경을 지키기 위한 글을 쓰기 위해선 자연을 대하면서 놀라움과 신비로움과 기쁨을 갖는 게 중요하단다. 그리고 문학적 상상력도 있어야 하지. 글쓰기는 보물을 찾기 위해 홀로 정글을 개척하며 나가는 탐험과 같아. 난 내 글을 소리 내 읽어서 부드럽지 않거나, 말이 엉키면 좋아질 때까지 계속 고쳐 쓴단다."

쓰기 요령을 알면 글이 보인다!

시

　시는 운율을 지닌 간결한 말로써 자기의 감정이나 세상을 그린 운문이다. 시인이 대상을 어떻게 보고 어떤 생각을 했는가 하는 것에서 시의 독창성이 나온다. 시인의 감정은 주관적이므로 객관적이고 과학적인 논리로 증명하기 어렵다. 하지만 시인은 삶의 진실을 노래하고 있다는 점에서 그가 그린 세계를 시적 진실이라고 부른다.

　시는 크게 서정시, 서사시, 극시로 구분한다. 서정시는 개인의 감정을 드러낸 것이고, 서사시는 민족의 역사나 영웅의 일을 사건에 따라 쓴 것이며, 극시는 극 형식을 취한 시이다.

　시를 잘 쓰기 위해서는 좋은 시를 많이 읽고, 호기심을 갖고 세상을 자세히 관찰해야 하며, 많이 써봐야 한다. 또한 좋은 시를 쓰기 위해서는 다음 몇 가지 점을 마음속에 담아두어야 한다. 우선 많은 낱말을 익혀야 한다. 아름다운 우리말을 제대로 다룰 수 있어야 한다. 맞춤법과 띄어쓰기는 글쓰기의 기본이다. 또한 자신이 하고 싶은 말을 여러 비유법을 사용해 다양하게 표현하는 방법을 익혀야 한다. 아울러 사물을 새로운 눈으로 바라보는 훈련을 하는 것이 좋다. 신문기사나 잡지 등에서 필요한 기사를 오려놓았다가 활용하는 습관을 기른다. 시를 다 쓴 다음에는 소리 내어 읽으면서 어색하거나 걸리는 곳이 없는지를 살펴야 한다.

소설

　소설은 허구적인 상상력을 발휘하여 세상을 그린 산문이다. 허구적이라 하여 거짓된 것을 그리는 것이 아니라, 있을 법한 일을 다룬다는 점에서 허구적 진실이라 부른다. 소설은 발단, 전개, 위기, 절정, 결말의 5단 구성으로 이루어진다. 특히 풍자 소설은 세상의 잘못된 점을 빗대어 그린 소설이다. 우리나라의 경우, 조선 시대에 비판적인 작가들이 개성 있는 문체와 날카로운 눈으로 당시의 사회가 안고 있던 문제를 꼬집었다. 박지원과 이옥이 대표적이다. 조선 말기에 계급 의식이 무너지자 더욱 대담한 풍자 소설이 등장하게 됐다.

소설을 쓰기 위해서는 상상력이 중요하므로 많은 것을 보고, 느끼고, 생각하는 것이 좋다. 또한 좋은 소설들을 많이 읽고, 써보는 훈련을 해야 한다. 아울러 띄어쓰기, 맞춤법, 단어, 문장, 문단에 대한 공부도 꾸준히 해야 한다. 소설을 쓰는 절차는 다음과 같다. 우선 무엇에 대해 쓸 것인가 하는 주제를 정해야 한다. 이어 소설은 있을 법한 사실을 다루므로 상황에 맞는 자료를 수집해야 한다. 그 다음에는 이야기를 어떻게 풀어나갈 것인지 5단 구성에 맞춰 뼈대를 구성한다. 마지막으로 누구의 입장에서 이야기를 해나갈 것인가 하는 시점을 정한다. 일인칭 주인공 시점, 일인칭 관찰자 시점, 3인칭 관찰자 시점, 3인칭 전지적 시점 중에서 고른다.

일기

일기란 하루를 돌아보면서 가장 먼저 생각나거나 가장 기억에 남는 일을 주제로 잡아서 쓴 글이다. 일기는 남에게 보여주기 위해 쓰는 글이 아니라, 하루의 생활을 되돌아보며 자신을 정리하고 반성하는 글이다. 그러므로 즐거웠던 일, 행복했던 일, 슬펐던 일, 신기했던 일, 감동받았던 일, 잘못한 일 등을 자유롭게 쓴 개인의 역사이다. 그러나 공적인 사무를 기록한 일지 같은 일기도 있다. 또한

주제별로 전쟁일기, 독서일기, 관찰일기, 실험일기, 육아일기, 영농일기 등으로 구분할 수 있다.

어떤 일을 일기에 쓸 것인가가 정해지면 몇 가지 원칙에 따라 써 내려간다. 자신의 감정을 숨기지 않고 솔직하게 써야 한다. 매일 정기적으로 꾸준히 써야 한다. 보고, 듣고, 한 일보다는 그것에 대한 생각과 느낌을 자세히 써야 한다. 여러 가지 일을 생각나는 대로 쓰는 것보다는 한 가지 사건에 집중해 쓰는 것이 좋다.

일기를 쓸 때는 우선 맨 앞에 날짜를 쓰고, 날씨를 되도록 구체적으로 쓴다. 그리고 일기를 쓰는 현재 시간을 적고, 제목을 붙인다. 일기를 다 쓴 다음에는 다시 한 번 읽으면서 맞춤법이나 띄어쓰기가 제대로 됐는지를 살핀다. 또한 내용 중에서 빠진 것은 덧붙이고, 필요 없는 곳은 빼낸다.

서사시

서사시는 민족의 신화나 전설에 등장하는 신이나 영웅들의 삶을 그린 시이다. 최초의 서사시는 기원전 800년경 그리스의 시인인 호메로스의 《일리아스》와 《오디세이아》가 있다. 이 작품들은 트로이 전쟁을 주제로 한 그리스의 국민적 서사시이며, 모든 서사시의 모범이 되었다. 로마의 서사시로는 기원전 1세기경에 베르길리우스의 《아에네이스》가 유명하다.

중세에 들어와서는 프랑스의 기사 이야기인 《롤랑의 노래》, 독일의 비극적 국민시인 《니벨룽겐의 노래》, 북유럽의 신화와 영웅전설을 노래한 《에다》, 영국의 용을 물리치는 영웅담인 《베어울프》, 영국의 아서왕의 전설을 그린 마로리의 《아서왕의 죽음》과 초서의 《캔터베리 이야기》가 있다. 그리고 또 단테의 《신곡》과 밀턴의 《실낙원》은 서사시에서 빼놓을 수 없는 걸작이다. 한국의 대표적인 서사시로는 주몽신화를 읊은 이규보의 《동명왕편》을 들 수 있다.

서사시를 잘 쓰기 위해서는 신이나 영웅을 중심으로 벌어지는 사건을 하나의 주제로 노래할 수 있어야 한다. 따라서 옛날에 일어났던 역사적인 사건이나 신화와 전설 같은 옛날이야기들을 많이 알고 있어야 한다. 고전문학 작품과 역사책을 많이 읽어야 하는 이유가 여기에 있다. 또한 옛날이야기를 새롭게 해석하기 위해서는 풍부한 상상력과 독창성을 키워야 한다.

편지

편지는 상대방을 만나서 이야기를 하는 대신, 하고 싶은 말을 글로 써서 보내는 양식이다. 편지는 안부, 소식, 용무 따위를 적어 보내는 글로서 시간과 공간에 얽매이지 않는다는 장점이 있다.

편지를 쓸 때는 상대방과 대화하듯이 자연스럽고도 진실하게 써야 한다. 또한 상대방의 신분, 연령, 성별 등에 따라 격식과 예의에 맞게 써야 한다. 편지글의 기본 요소는 다음과 같다. 편지 맨 앞에 상대를 부르는 말을 쓰고, 계절과 관련된 인사를 한다. 다음에 상대방의 안부를 묻고, 자기 소식을 상대방에게 알린다. 그 후에 본격적으로 편지를 쓰게 된 목적과 내용을 적는다. 마지막에는 끝인사와 편지를 쓴 날짜, 그리고 보내는 사람의 이름을 쓴다. 만약 빠뜨린 내용이 있을 경우에는 추신을 덧붙이는데, 반드시 필요한 것은 아니다.

편지의 종류는 문안편지, 우정편지, 연애편지, 축하편지, 위문편지, 초대편지, 안내편지, 청탁 편지, 사과편지 등 여러 가지가 있다. 하지만 어떤 종류의 편지든 몇 가지 주의해야 할 점이 있다. 우선 간결한 문장으로 용건을 정확히 전달해야 한다. 또한 평소에 쓰는 알기 쉬운 말로 써야 한다. 그리고 상대방과 마주앉아 말하듯이 정겹게 쓰는 것이 좋다. 무엇보다 중요한 것은 진심에서 우러나는 말로 정성을 다해 써야 한다는 점이다.

관찰기록문

　관찰기록문이란 대상을 관찰하거나 실험하고 그 과정과 결과를 나타낸 글이다. 즉 동식물의 성장이나 자연 현상의 변화 등 뚜렷한 대상을 정해두고 일정한 시간 동안 관찰한 다음 쓴 글이다. 관찰기록문의 첫 부분에는 관찰하게 된 동기, 관찰하는 목적, 관찰하는 대상, 관찰하는 방법, 관찰하기 위한 계획 등을 소개한다. 다음에는 관찰한 내용을 순서에 따라 기록한다. 끝 부분에는 관찰한 내용을 요약하고, 관찰하면서 느낀 점이나 생각, 그리고 관찰하면서 있었던 일에 대한 반성이나 앞으로의 각오를 쓴다.

　관찰기록문을 잘 쓰기 위해서는 관찰 목적과 대상을 분명히 하고, 관찰 계획을 잘 세워야 하며, 자료를 폭넓게 수집하고, 자세히 관찰해야 한다. 관찰기록문을 쓸 때는 관찰 대상, 관찰 기간, 관찰 방법을 쓰고, 관찰한 내용을 항목별로 나누어 사실대로 체계적으로 써야 하며, 관찰 대상의 특징이 잘 드러나게 구체적으로 써야 한다. 여기에 그림이나 사진이나 도표를 함께 남기면 훨씬 좋은 자료가 된다.

논설문

　논설문은 자기의 주장을 논리적으로 증명하여 다른 사람을 설득하거나 특정한 행동을 하도록 부추기는 글이다. 자신의 생각에 동조해 주기를 바라는 호소문이나 연설문이나 신문사설, 연구 결과로 얻어진 새로운 사실을 소개하는 학술 논문이나 연구보고문, 남의 이론이나 작품에 대해 자기의 의견을 밝힌 정치, 경제, 사회, 문화, 예술 비평이 여기에 속한다.

　논설문의 짜임은 3단 구성으로 이루어진다. 서론에는 주장하고자 하는 문제의 실마리, 글을 쓰는 이유나 목적을 드러낸다. 본론에는 자신의 주장에 대한 타당한 이유와 근거를 제시한다. 논리가 정연해야 하며, 구체적인 문제 해결 방법을 내보여야 한다. 결론에는 본론의 내용을 요약하며 자기의 주장을 다시 한 번 강조한다.

글의 주제는 누구나 관심을 가질 만한 문제로서, 논의될 만한 가치가 있고 아직 해결되지 않은 것이 좋다. 또한 자신의 주장을 뒷받침할 근거로 사용할 자료는 폭넓게 수집해야 한다. 그래야만 자신의 주장이 설득력을 얻을 수 있다. 자료 수집은 문헌을 통해, 현장 답사를 통해, 그리고 전문가의 조언을 통해 얻어 낼 수 있다.

좋은 논설문을 쓰기 위해서는 우선 주제에 대한 열정과 힘이 담겨야 한다. 또한 주장이 분명하고 합리적이어야 하며, 어느 한쪽으로 치우치지 말아야 한다. 아울러 구체적인 사례를 들어 설득해야 하며, 논리적으로 타당하면서 과학적이어야 한다. 그리고 표현이 명확해야 하며, 글의 짜임이 전체적으로 통일성을 지녀야 한다.

참고 문헌

시로 농민의 아픔을 그린 정약용
정약용 《다산시문집》 민족문화추진회, 1982.
이덕일 《정약용과 그의 형제들 1·2》 김영사, 2006.
민족문화추진회편역 《다산 정약용이 유배지에서 보낸 편지와 교훈》 문장, 2006.
금장태 《다산 정약용》 살림, 2005.
송재소 《다산시연구》 창작사, 1986.

소설로 양반 세계를 꼬집은 박지원
박지원 《열하일기》 민족문화추진회, 1966.
고미숙 《열하일기-웃음과 역설의 유쾌한 시공간》 그린비, 2006.
김지용 《연암 박지원의 이상과 그 문학》 명문당, 2005.
김지용 《박지원의 문학과 사상》 한양대출판부, 2000.
강혜선 《박지원 산문의 고문 변용양상》 태학사, 1999.

일기는 나의 힘 이순신
이순신 《난중일기(노승석 옮김)》 동아일보사, 2005.
이순신 《이충무공전서》 민족문화추진회, 1980.
박천홍 《인간 이순신 평전》 북하우스, 2005.
이우각 《통곡 이순신 실록》 숲속의꿈, 2005.
이충호 《7년 전쟁과 이순신》 세손출판사, 2004.

서사시로 낙원을 그린 맹인 밀턴
존 밀턴 《실낙원(김홍숙 옮김)》 서해문집, 2006.
조신권 《존 밀턴의 문학과 사상》 동인, 2002.
고명은 《밀턴의 서정시 연구》 동인, 2002.

편지로 마음을 그린 화가 고흐
빈센트 반 고흐 《반 고흐 영혼의 편지(신성림 옮김)》 예담, 2006.
엔리카 크리스피노 《빈센트 반 고흐(김현구 옮김)》 예담, 2006.
인고 발터 《빈센트 반 고흐(유치정 옮김)》 마로니에북스, 2005.
염명순 《태양을 훔친 화가 빈센트 반 고흐》 아이세움, 2006.
박선희 《불꽃의 화가 빈센트 반 고흐》 이룸, 2005.

관찰기록문으로 진화론 밝힌 다윈
찰스 다윈 《나의 삶은 서서히 진화해왔다(이한중 옮김)》 갈라파고스, 2005.
찰스 다윈 《비글호 항해기(권혜련외 옮김)》 샘터사, 2006.
찰스 다윈 《종의 기원(강태정 옮김)》 일신서적, 1994.
시릴 아이돈 《찰스 다윈(김보영 옮김)》 에코리브르, 2004.
레베카 스테포프 《진화론과 다윈, (이한음 옮김)》 바다출판사, 2002.

호소문으로 환경을 지킨 레이첼 카슨
레이첼 카슨 《우리를 둘러싼 바다(이충호 옮김)》 양철북, 2005.
레이첼 카슨 《침묵의 봄(김은령 옮김)》 에코리브르, 2003.
레이첼 카슨 《자연 그 경이로움에 대하여(표정훈 옮김)》 에코리브르, 2003.
레이첼 카슨 《잃어버린 숲(김선영 옮김)》 그물코, 2004.
린다 리어 《레이첼 카슨 평전(김홍옥 옮김)》 샨티, 2005.
진저 워즈워스 《레이첼 카슨(황의방 옮김)》 두레아이들, 2005.